FRAIN

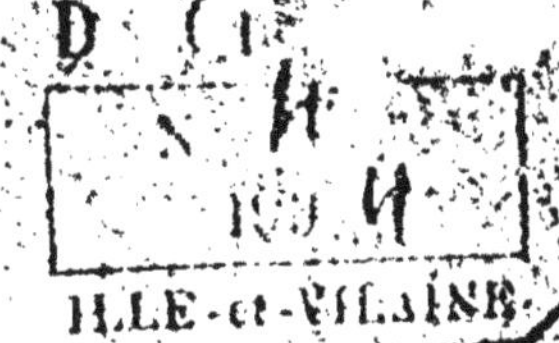

COMPTES

DE

L'HOPITAL DE FOUGEROLLES

1763-1769

(Recettes)

VITRÉ
Imprimerie Édouard Lécuyer
4, Boulevard Pierre-Landais, 4

1904

OUVRAGES DU MÊME AUTEUR

— Les Filles de la Sainte Vierge *(dames Budes)*, depuis leur fondation jusqu'à nos jours.

— (1) * Les Familles de Vitré, de 1400 à 1789, avec listes et pièces justificatives. *In-12, 162 pages.*

— * Influence du Christianisme sur le progrès de nos mœurs, du IVe au XIIIe siècle. *In-8°, 55 pages.*

— * Une terre et ses possesseurs catholiques et protestants, de 1200 à 1600. *In-12, 232 pages.*

— Mœurs et coutumes des Familles bretonnes avant 1789 :

Tome Ier : Les Fondateurs de la chapelle Notre-Dame en l'église Saint-Léonard de Fougères. *Petit in-4° carré, 166 pages.*

Tome II : Les Ligueurs de Mecé, Livré, Izé. *Petit in-4° carré, 182 pages.*

* Tome III : Les archives d'un échevin de Rennes. — 1° Miserie de Rennes pour l'année 1688, nobles gens Jean Hirel, sieur de la Jouannelais, procureur au Présidial, et Michel Provost, marchand au dit Rennes, comptables ; 2° Inventaire des effets appartenant au général de la paroisse Saint-Etienne de Rennes ; 3° Memorial domestique de Jean-François Beziel, advocat au Parlement de Bretagne, 1690-1728.

Les archives d'un échevin de Vitré. — 1° Tenue des États de 1756-1757, relation manuscrite signée Hardy du Rocher ; 2° Rôle et répartition de la somme de soixante-quinze livres, à laquelle la paroisse de Taillix a été taxée par ordonnance de Monseigneur l'Intendant du 1er octobre 1709, pour être déchargée de fournir, la présente année, un *soldat de milice ;* 3° Rôle et égail du Fouage ordinaire à être levé sur les paroissiens contribuables de la paroisse de Taillix pour l'année 1700 ; 4° Capitation de 1722 : Rôle et répartition de la somme qui doit être payée par tous les contribuables de Taillix ; 5° Paroisse de Livré : Rôle et répartition des Fouages et tailles ordinaires et extraordinaires pour partie des années 1740 et 1741 ; 6° Impositions de la paroisse de Bais pour capitation, supplément de fourrages, ustensiles et casernement de troupes, habillement des milices de terre et pour la dépense annuelle des milices garde-côtes pour

(1) Les volumes marqués d'un astérisque * se vendent chez MM. PLIHON et HOMMAY, éditeurs, rue Motte-Fablet, RENNES.

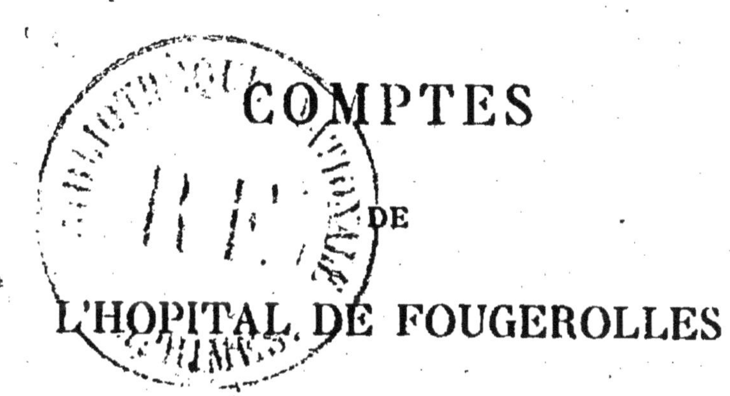

COMPTES

DE

L'HOPITAL DE FOUGEROLLES

FRAIN

COMPTES

DE

L'HOPITAL DE FOUGEROLLES

1763-1769

(Recettes)

VITRÉ
Imprimerie Édouard Lécuyer
4, Boulevard Pierre-Landais, 4

1904

I

LE MANUSCRIT. — MOTIFS QUI NOUS LE FONT PRÉSENTER AU LECTEUR

Il est in-folio et se compose de trente-cinq feuillets dont les deux premiers sont dans un état lamentable. Au verso du second, commencent les comptes de 1763. Chaque mois forme un chapitre où les inscriptions de la comptable se font au jour le jour et à la file, sans distinguer les recettes en argent des recettes en nature. Invariablement, chaque chapitre se termine par un sommaire des livres, sous et deniers reçus, laissant tout le reste dans l'ombre et sans estimation. En fin d'année, nulle récapitulation! L'écriture se lit aisément. Peu de mots sont raturés ou interlignés.

On peut s'intéresser à de tels comptes par un motif d'actualité. L'hôpital de Fougerolles fut, en effet, administré par les membres d'une petite congrégation. Or, s'occuper d'une congrégation, de ses faits et gestes, en étudier les ressources, quoi de plus actuel!

Dans cet amas de chiffres, on peut encore, au point de vue économique et rural, cueillir une série d'annotations curieuses et intéressantes. Enfin, par tradition française, qui donc voudrait se dérober au bonheur de rendre justice à de pieuses femmes sacrifiant fortune et famille pour soigner des malades, pour apprendre aux jeunes filles riches et pauvres confiées à leur sollicitude, à révérer Dieu, à aimer le prochain, à devenir, en un mot, généreusement et aimablement Femmes de bien !

II

LE PAYS DE FOUGEROLLES. — SES ENVIRONS SES CHEVALIERS. — SES MARCHANDS

« Sol ingrat, écrivait-on à Miromenil l'an 1696. Il y croît du seigle, de l'avoine et du sarrasin ; beaucoup de bois, ajoute Le Paige en 1777. Un tiers de la paroisse consiste en landages couverts d'une terre argileuse et caillouteuse que ni le soc, ni l'industrie humaine n'ont jamais pu féconder. On y trouve quantité de bois taillis et de haute futaie ; dans l'hiver, des chemins impraticables ».

Nous voilà loin du Paradis terrestre ! et pourtant, il est dans ce canton de fraîches et sinueuses vallées où se plaisent les grands bœufs rayés de brun et de rouge. Là, de limpides eaux murmurent sans cesse : l'écrevisse s'y ménage une retraite ; la truite y file comme une flèche et, d'un bond, saisit avidement sa proie.

Autour des fermes ou des vieux manoirs, vous trouvez et les bois de haute futaie mentionnés au XVIIIe siècle et ces pins, si haut montés par l'émondage, qu'ils balancent leurs premières branches à plus de quarante pieds au-dessus du sol. Le chêne, le châtaignier, le hêtre au tronc lisse et brillant foisonnent sur les clôtures, si bien qu'à voir cette abondante frondaison et la topographie du pays, on se figure aisément quels abris silencieux il devait offrir, alors qu'à côté de rares cultures, la forêt se montrait un peu partout (1). Aussi les rêveurs d'autrefois ne se privèrent pas d'y planter leurs huttes de branchages, d'y vivre de racines et d'eau fraîche, d'y meurtrir leur bête. Car c'était bien un rêveur que ce Guillaume Firmat, essayant de se faire oublier, dans la forêt de Concise, sur les confins de la forêt de Chevré en notre paroisse bretonne de Dourdain, à Fontaine-Gehard, et enfin à Mantilly, à trois lieues de Fougerolles.

D'une famille de marque, Firmat avait à Tours un canonicat richement prébendé; on le disait lettré, avancé dans les sciences et bon médecin. Son historien et admirateur, Etienne de Fougères, nous assure, qu'à l'occasion, il savait endosser le harnois et vivre en chevalier. En définitive, Firmat pouvait se la couler douce, écrire les pieds sur les chenêts, un admirable traité : *De omni re scibili et quibusdam aliis.* Entre deux chapitres, qui donc l'empêcherait d'aller en plaine, faucon au poing, chasser le lièvre et la perdrix, en forêt, courre le cerf? Pour les gens de sa trempe n'est-il pas, avec le ciel, des accommodements? Si donc le noble chanoine se sentait, avec un vif attrait pour le plaisir, le désir d'atteindre les hautes dignités ecclé-

(1) Pour quiconque observe attentivement la carte physique de la Mayenne, il n'est pas douteux que ce département n'ait été autrefois une vaste forêt, éclaircie çà et là par quelques steppes. On pourrait encore indiquer les points où se réunissaient entre elles les forêts qui subsistent aujourd'hui et comment elles se rattachaient à celles des départements voisins. (*Dictionnaire topographique du département de la Mayenne*, par Léon Maitre. Introduction).

siastiques, il n'avait point à se gêner. Personne ne s'étonnerait de le voir faire œuvre discrète de simonie.

Mais voilà qu'au lieu d'entrer dans cette voie facile, éminemment pratique, et lors si généralement suivie, notre homme se prit à rêver; oui, à rêver, qu'au commencement, le grand architecte de l'univers (soyons de notre temps) n'avait point créé deux hommes : l'un d'or pour être le père des patriciens, l'autre d'argile pour être le père des plébéiens; qu'en conséquence, personne au monde ne pouvait se prévaloir de naître noble; mais que tous étaient appelés à le devenir. — Et comment? — En imitant celui qui, descendu du Ciel, avait pris un corps semblable au nôtre et s'était fait humble de cœur, incliné par choix vers les faibles, les déshérités, toujours prêt à servir, à souffrir, à mourir pour entraîner les hommes vers la paix, la lumière, la joie éternelles, sans regarder, au préalable, s'ils étaient couverts de velours ou de bure. Tout cela, notre brave contemplatif l'imagina et il était, croyons-nous, de force à faire sienne cette réflexion d'une princesse (1), fondatrice d'hôpital. « Je suis persuadée qu'il y a un grand nombre de riches et de personnes de qualité en ce monde, qui seront pauvres et roturiers en l'autre et, qu'au contraire, il y a plusieurs pauvres et roturiers sur la terre qui, vivant chrétiennement dans leur pauvreté, seront très nobles, très riches et très puissants dans le ciel ».

Quoi qu'il en soit, notre Guillaume Firmat, un beau jour, distribua ses écus sonnants, délaissa son chaud

(1) Mlle de Melun, princesse d'Epinoy, fondatrice de l'hôpital de Baugé, en Anjou.

logis de Tours, dépouilla ses vêtements fourrés, et, nanti comme un rustre, la barbe hirsute, les cheveux en désordre, s'en fut à travers pays. Les bûcherons de la forêt de Concise, le voyant si détaché des richesses et du bien-être qu'ils désiraient ardemment, le prirent en haine et tendirent des pièges à sa vertu. Ils en furent pour leurs frais. Firmat choisit une nouvelle retraite croyant toujours échapper à l'empressement, à l'étonnement des hommes et sa dernière étape fut, nous l'avons écrit, à quelques lieues de Fougerolles.

— Bien sûr, direz-vous, qu'il y fit des miracles. C'était l'habitude au moyen âge. — Eh bien oui, Lecteur, au moins un, que nous vous défions de trouver vulgaire et de mauvais aloi. Ecoutez; cela vaut vraiment la peine : d'une femme altière, impérieuse, avare, Firmat fit un cœur humble, soumis et généreux. La dame était veuve de Grimoard, seigneur de Landivy.

Un moine français, jeté par l'ostracisme sur les bords de l'île de Wight (1), a dit en excellents termes : « Guillaume Firmat, et c'est le côté original de sa personnalité, a les allures d'un pénitent qui a tout abdiqué, tout absolument, hormis sa liberté d'action. Dans sa cellule, on le voit prier et lire; aux environs, il va et vient à sa guise; mais il lui suffit d'un incident pour le faire changer de résidence ». Il est vrai que les frais de déménagement et de nouvel établissement n'étaient pas pour l'effrayer. Il emportait assurément quelques manuscrits, peut-être quelques outils; pas

(1) Dom GUILLOREAU. Voir dans la *Revue du Maine* ses articles sur l'abbaye d'Etival.

autre chose. Arrivé, la forêt lui fournissait branches et feuillages pour sa hutte, mousses et bruyères pour sa couche; des pierres pour son foyer. Tant qu'aux sources claires et intarissables, pas plus qu'aujourd'hui, elles n'étaient une rareté au pays du Maine.

« Au contraire des autres anachorètes, ses comtemporains, reprend notre exilé, Firmat n'a point fait école. Près de lui, on ne trouve qu'un seul compagnon, le vieil Aubert, dur à lui-même, pieux comme son maître mais fort vif et entier à ses heures ». Resté seul, cet autre rêveur aurait établi son ermitage en la paroisse de Saint-Ellier, sur les bords d'une petite rivière qu'il faut traverser pour monter aujourd'hui de La Tannière à La Dorée et à Fougerolles. Le lieu porte encore le nom de l'Habit-Aubert, et la rivière rapide et bondissante appelée la Fustaye vous remet en mémoire le fondateur de notre abbaye bretonne du Nid de Merle (1), le bienheureux Raoul de la Fustaye.

Aubert eut ce Raoul pour ami et pour disciple saint Alleaume. Encore un homme de haute lignée mais sans la moindre morgue celui-là; si accueillant, si affable qu'il était aimé de tous, ce qui le fit, au rebours de bien d'autres, émigrer vivement et ensevelir ses terrribles avantages dans la forêt de Mayenne, dans celle de Fougères, en l'île Chausey et finalement dans la forêt de Charnie, où le saint homme fonda l'abbaye d'Etival.

Si d'aventure, tout en estimant ces chevaliers errants de la pénitence et de la prière, vous les trouviez,

(1) Aussi les religieuses de cette abbaye possédaient-elles de nombreux domaines au Bas-Maine. A Landivy, le fief de l'Hôtellerie leur appartenait; la terre de la Touche, en la même paroisse, se trouvait soumise à leur juridiction.

Lecteur, légèrement endormants, voici pour vous réveiller et remuer le pays de Fougerolles à plusieurs lieues à la ronde.

Nous sommes à la fin du onzième siècle. Tout à coup, à travers champs et forêts, il se répand qu'un chanoine de Mortain, fort savant, bien en cour, abandonne tout espoir d'avancement dans le monde ecclésiastique pour mener une vie faite de silence, d'oraison, de travail des mains; et comme il est persuasif, entraînant, vraiment fait pour subjuguer et conduire les âmes, on voit à sa suite des troupes avides de sa parole et de ses conseils. En 1101, à Lohéac en Bretagne, à côté de Robert d'Arbrissel qu'il admire et consulte, à côté de Bernard de Tyron, de Raoul de la Fustaye, ses émules et amis, il vénère un morceau de la vraie Croix apporté par l'écuyer d'un seigneur de Lohéac mort à la croisade. Etabli vers 1094, sur les Marches bretonnes, il y groupe les ermites et les pliant à une règle commune, forme de leurs bonnes volontés éparses un infrangible faisceau.

C'est à Dompierre-des-Landes qu'il reçoit les bienheureux Robert d'Arbrissel et Bernard de Thiron. En 1102 et 1108, appelé par saint Anselme, il passe en Angleterre. Vous le retrouverez priant dans la forêt de Fougères en 1110 (1). Deux ans après, non loin de Fougerolles, au milieu des bois de Savigny (2), au bord

(1) Dans un lieu que le biographe de saint Bernard de Tyron désigne sous le nom de Quercus Docta et que d'accord avec la tradition je suppose devoir être celui que nous connaissons sous le nom de Chesnedé. (MAUPILLÉ, *Notices historiques et archéologiques sur les paroisses des deux cantons de Fougères*).

(2) Dono igitur ego Rodulphus Deo et Domino Vitali in possessionem et cenobiale domicilium monachorum videlicet forestam de Savignelo sicut ex una parte fluvius qui vocatur Chamba

des eaux, il fonde une célèbre abbaye, comblée tout aussitôt de largesses par les maisons de Fougères, de Mayenne et de Vitré [1], sans parler des autres.

Et pour avoir besogné de telle sorte, n'allez pas le croire hors d'haleine. « Prédicateur infatigable, écrit le moine proscrit dont nous aimons à invoquer l'autorité, Vital sillonne en tous sens l'Avranchin, le Cotentin, s'adressant aux foules dans leur langage, dénonçant les vices de la société et reprochant leurs désordres aux puissants barons comme aux petites gens, sans se mettre en peine, ni de la condition ni du sexe ».

Impossible de nier qu'il serait curieux d'entendre un écho de ces francs discours, si affaibli fût-il. Mais le moyen de cueillir cette bonne fortune ? En voici trois au lieu d'un, Lecteur. Souvenez-vous tout d'abord que Vital naquit et vécut, au moins le tiers de sa vie,

ipsam forestam a Cenomanniâ disterminat et ex alterâ parte Chambesneta fluviolus ab ipso vico separat qui Savigneium appellatur. Sicut enim spiritus sanctus ait in psalmo : cedros Libani Dominus plantavit ut in eorum ramis nidificare sancti passeres permittantur quam nimirum ob incolumitatem corporum et salutem animarum, meae videlicet et meae uxoris et filiorum meorum et pro animabus patrum nostrorum et matrum et dominorum et amicorum et baronum meorum et omnium fidelium tum vivorum quam defunctorum, ita ab omni tam clericorum infestatione quam laicorum, quiete Domino reddimus et ejus servitio sicut ad tenendum de Deo. (Extrait de la charte de fondation de Savigny, par Raoul de Fougères).

(1) Voir : dans l'*Histoire de Bretagne*, par dom Morice, et dans le *Cartulaire de Laval et de Vitré*, publié par le comte Bertrand de Broussillon, les dons faits à Savigny par le baron de Vitré et ses hommes : Briant de Coësmes, Eudes Naschard, Hervé Ecorchedas, Geoffroy Baslé, André Rabault, Robert de Landavran, Jean de Champeaux, etc.

Robert III, baron de Vitré, fut inhumé à Savigny en 1173.

dans le siècle où fut proclamée, par l'Eglise, la trêve, grâce à laquelle laboureurs, artisans, marchands, veuves et orphelins, d'habitude pillés, rançonnés, menacés de mort tous les jours de la semaine, osèrent désormais respirer cinq jours sur sept. Ouvrez ensuite l'*Histoire des Conciles* et remarquez-y les nombreux canons édictés contre l'incontinence des clercs, le trafic éhonté des biens ecclésiastiques; la rapacité des usuriers; et, pour terminer en *dilettànte*, vous vous arrêterez devant les portraits tracés par l'évêque de Rennes, Etienne de Fougères. « Sont-ils pris sur le vif, ces princes tenus de faire régner la justice et, au lieu de cela, courant aux bois chasser le cerf! quelle misère de voir un roi oint et sacré, qui doit à tant d'hommes aide et secours, se complaire à suivre une bête brute, à corner, crier et huer après elle! Et ces francs hommes, de franches mères nés, ordonnés chevaliers pour réprimer la violence et la rapine, quel grand dommage de les voir abuser de leur force pour devenir larrons, meurtriers et bandits! Otez leurs épées, tranchez leurs éperons, chassez-les de leur ordre! » (1)

Vous le voyez, comme Vital, dont il s'est fait l'historien, Etienne de Fougères ne ménage oncque qui vive. Laissez-le encore vous décrire les bons et mauvais marchands. « Si le bourgeois rapporte des marchandises de Pise ou de Garmaize, de France ou d'Espagne, qu'il en tire profit ou qu'il en vive, c'est trop juste. De son gain, toutefois, du produit de son industrie, de sa plus loyale richesse, qu'il n'oublie

(1) Sur Etienne de Fougères et ses œuvres, consulter le troisième volume de l'*Histoire de Bretagne*, par A. DE LA BORDERIE.

pas de faire offrande à l'Eglise pour que Dieu le rende à son âme et qu'il rachète ses offenses par ses aumônes. Mais las! combien ne rêvent qu'à entasser richesses: *per fas et nefas!* Celui-ci, par exemple, vous montrant un drap fort ordinaire, jurera par *son chapel* que c'est drap d'Oquet ou de Mustabet. Il vous prêtera pour dix ce qui vaut quatre à peine; en revanche, pour dix livres qu'il vous doit, il vous comptera effrontément quatre marcs valant à peine sept livres. Un autre vous vendra du blé pourri pour de bon froment; des draps courts pour des draps longs; du vieux pour du neuf. Ce leur est un jeu de tromper l'acheteur et, pour un seul de ces beaux marchés, il en est qui se parjureront huit à neuf fois».

Très réussis ces portraits, mais, grand Dieu! que nous voilà loin du pays de Fougerolles! Moins loin que vous ne pensez, Lecteur, car parler Vital et Savigny, mettre en scène grands seigneurs, chevaliers et marchands, ce n'est point fausser compagnie à Fougerolles. Permettez-nous d'ajouter une page à ce chapitre; promettez de la lire et nous gageons que vous finirez par partager notre manière de voir.

En un lieu nommé Courbefosse, deux ermites, contemporains de Vital, avaient caché leurs vies pénitentes et laborieuses au bord d'un ruisseau venant de Goué et courant vers la vallée de Savigny. Soit avant de mourir, soit avant d'entrer au monastère fondé par le chanoine de Mortain, ils donnèrent à Vital leur ermitage. Cette donation, faite en forme solennelle, fut ratifiée par Josselin de Poë et par le curé de Fougerolles. Dans le même temps, Hervé Carbonnel, du consentement de Guérin du Bailleul et d'Hamelin de l'Ecluse, ajoutait aux terres de Savigny le beau domaine de Méré, également situé sur le territoire Fougerollais.

Qu'entre cette paroisse, Vital et Savigny, il existât des liens fort étroits, ce n'est donc plus à démontrer. Partons maintenant à la recherche des grands seigneurs détournés du vice et excités aux actions vertueuses par le prédicateur du douzième siècle. Inutile de faire de grandes chevauchées pour les rencontrer ! Comtes de Mortain, barons de Mayenne, barons de Fougères, n'habitent pas en effet au bout du monde et, tant qu'aux chevaliers, il n'en manqua jamais autour de Fougerolles, en Fougerolles même; les grands logis de Goué et de la Haultonnière (1) nous en feraient souvenir au besoin.

Sur la foi du cartulaire de Savigny, nous pouvons affirmer hautement la foi vive et généreuse de la plupart de ces châtelains. Convenons toutefois qu'un certain nombre aimèrent passionnément à huer, corner, crier des jours entiers après la grosse bête, à

(1) En 1463, il y avait à la Haultonnière quatre maisons et une chapelle; en 1626, le manoir se composait d'un grand corps de logis bâti en potence, d'une chapelle, d'un colombier, avec un grand étang alimenté par la Colmont et dont la moitié se trouvait en Normandie; en 1655, les constructions étaient entourées de douves et de fossés.

Outre ce lieu, les de la Haultonnière possédèrent en Fougerolles: la *Source,* donnée par Gilles de la Haultonnière à Jean, son fils puîné, 1578; la *Rondelle,* donnée par contrat de mariage à Marie de la Vayrie, épouse de Charles de la Haultonnière; la *Caillère,* qui donne son nom à un affluent de la Colmont, né à la Rondelle; la *Mézière,* où logeait, en 1544, Guillaume de la Haultonnière; le *Bas-Plessis,* à Maurice de la Haultonnière, en 1603.

La même famille possédait encore, en Larchamps : la terre seigneuriale de la *Beucherie;* le manoir de la *Poupardière;* le moulin et l'étang de *Gaisné,* qui furent acquis, ainsi que la Poupardière, par Pierre-Michel de Pulsard et revinrent aux de la Haultonnière par suite de retrait lignager.

lancer leurs autours sur le terrain d'autrui (1) et n'essayons pas de faire oublier que quelques-uns eurent le malheur de rougir leurs mains dans le sang de leurs proches et de leurs voisins (2).

A vous dont l'activité, la loyauté font, en tous temps, la richesse et le bon renom d'un pays, à vous, messieurs les marchands, de témoigner en faveur de Fougerolles, sinon passez-nous procuration pour le faire en votre lieu et place. Pourquoi, depuis le douzième siècle, vous êtes-vous constamment assemblés en ce lieu, soit pour y conduire droguets et fustaines, le clairet ou le pétillant vin d'Anjou; soit pour y cueillir les toiles, la cire, le miel et autres denrées transportables à travers les mares et bouillons des routes d'antan? Pourquoi? Eh! parce que l'endroit est réellement plaisant, sa grande place favorable aux exhibitions et transactions, ses rues propres, ses habitations riantes, ses naturels accueillants et avisés; — pourquoi encore? — Parce qu'on vient à Fougerolles du Maine, de Bretagne et de Normandie : du Maine par les chemins de Désertines et de La Dorée; de Bretagne par celui de Landivy; de Normandie par une quatrième route qui, bifurquée

(1) « Qu'on compose o les moynes du Mont Saint-Michel, pour un autour qu'il a eu au bois de l'Abbayette; item : qu'on compose, avec le sieur de Prez, pour trois oiseaulx qu'il a eu à la Hereuse; item o le sieur de Scepeaux, pour trois autres qu'il a eu au bois de Courtmesnil; qu'on compose o le sieur d'Isigny, pour trois autres qu'il a eu en ses appartenances. (Extraits du testament de Patrice de Goué, 1523, cités par l'abbé POINTEAU, dans ses *Recherches sur Pontmain et sa châtellenie*).

(2) Sur les méfaits des Mordant, de la Haultonnière et autres, lire le même abbé POINTEAU et l'abbé ANGOT : *Dictionnaire historique de la Mayenne.*

à quelques kilomètres de Fougerolles y amène, d'une part, les gens de Buais et, d'autre part, les paroissiens de ce Mantilly, où vécut Firmat et où mourut Vital (1).

Ces raisons vous paraissent-elles concluantes, et méritons-nous encore l'honneur de votre confiance? Dans l'affirmative, sortons ensemble de Fougerolles par le chemin de Buais. A gauche, les dernières maisons passées, au moment où la route tourne brusquement et offre une pente rapide, nous trouverons un grand portail de granit tout mantelé de lierre. Franchissons-en le seuil et nous serons dans la cour de cet hôpital dont on vous a promis les comptes. Devant sa façade ensoleillée, règne une assez large esplanade, bordée d'un rang de tilleuls. Du pied de ces arbres, taillés de façon à figurer une série de portiques, les jardins descendent à la route que nous venons de quitter.

Les salles de l'hôpital sont au rez-de-chaussée et au premier étage. Sa chapelle vient à la suite sous le même toit. Sans un clocher planté tant bien que mal sur le faîte, rien ne la distinguerait à l'extérieur; à l'intérieur, sa hauteur égale celle du rez-de-chaussée ajoutée à celle du premier étage. Elle n'a pas de voûte, mais un simple plafond établi sous les solives du grenier. Son aire forme un carré. De ses parois, l'une est occupée par l'autel orné d'un tableau représentant la Visitation Notre-Dame. Agenouillés en face, vous avez à votre droite la porte d'entrée et les fenêtres donnant sur l'esplanade; à gauche et derrière vous, un lambris sert à dissimuler la sacristie et les sup-

(1) Voir : *Rouleaux des Morts du IXe au XVe siècle*, par Léopold DELISLE, membre de l'Institut, directeur de la Bibliothèque nationale et, dans ce recueil, le rouleau du bienheureux Vital.

ports d'une tribune, destinée aux convalescents et aux infirmes.

C'est dans ce modeste sanctuaire, qu'accablée parfois par les oppositions sourdes ou ouvertes, la fondatrice pieuse et résolue de l'hôpital de Fougerolles vint chercher les inspirations utiles et retremper son courage. Il est temps, Lecteur, de vous la présenter.

III

PAR QUI, QUAND ET COMMENT FUT FONDÉ L'HÔPITAL DE FOUGEROLLES

Marie-Elisabeth Dubourg était fille de Philippe Dubourg, bourgeois de Paris et de Marie Lemaire, huguenote convertie. A la mort de ses parents, elle vint au Maine avec la résolution d'y créer un charitable établissement. Pourquoi là et non en Champagne, en Bourgogne, en Touraine ou ailleurs? Comme explication de cette préférence, serait-il téméraire d'attribuer à la famille de notre fondatrice une origine mancelle? Laissant à d'autres le soin d'approfondir, contentons-nous de noter qu'entre Ernée et Mayenne, on connaissait, au XVIIe et au XVIIIe siècles, des Dubourg de la Mauvalterie.

Tout d'abord, Marie-Elisabeth mit, à la disposition de la paroisse d'Ambrières, ses ressources et sa bonne volonté. Pour des motifs ignorés de nous, l'entente ne se fit pas et la pieuse fille, retirée à Mayenne, attendit l'heure de la Providence. Cette heure sonna l'an 1709. A cette date, Mlle Dubourg répondit à l'appel de M. l'abbé Dupont, curé de Fougerolles (1) et, le 17 mars, « elle s'engageait envers lui, le seigneur de Goué et les paroissiens, à consacrer au soulagement des pauvres malades et à l'instruction des jeunes filles de la paroisse ou des lieux circonvoisins la valeur de deux maisons qu'elle possédait à Paris. L'hôpital s'éleva en 1710. Il comprenait trois salles, l'une pour les hommes, l'autre pour les femmes, la troisième pour les Filles de Charité ». Ainsi nous renseigne le savant auteur du *Dictionnaire historique de la Mayenne* et, en vérité, nous ne saurions mieux dire.

Il se trouva donc que Fougerolles, grâce au zèle, à la générosité d'une fille de calviniste, fut pourvu d'une précieuse institution et assuré, pour la faire vivre, d'un groupe de cœurs dévoués dont l'espèce ne paraît pas encore perdue. Or, Fougerolles avait vu passer les bandes hérétiques revenant du sac de Savigny et traînant le malheureux abbé César de Brancas, qu'elles devaient égorger sans pitié au manoir d'Ivoy (2). Les choses humaines vont parfois de ce pas et Dieu, qui les gouverne à son gré, semble se complaire à dérouter nos pensées orgueilleuses par de tels contrastes (3).

Ses constructions achevées, Mlle Dubourg songea à se mettre en règle vis-à-vis l'Eglise, vis-à-vis l'Etat.

(1) Robert Dupont, licencié en décrets. Il avait succédé à Mathurin Dodard.

(2) Manoir situé dans la paroisse de Carelles.

(3) La première hospitalière de l'hospice de La Flèche, Marie de la Ferre, avait été élevée par une mère protestante. Voir : *Mademoiselle de Melun, princesse d'Epinoy*, par le comte de Melun. Si le lecteur tient à comparer les générosités modernes aux anciennes, il lira, dans le dictionnaire Angot, l'article consacré à l'hôpital du château de l'Isle-du-Gast, en Saint-Fraimbault-de-Prières.

Elle demanda donc à l'évêque du Mans et au Roi les approbations nécessaires. Dès le 27 février 1710, le premier répondit favorablement. La bonne volonté du second, non douteuse, eut à compter avec les lenteurs tant administratives que judiciaires, et ne put s'affirmer, par acte enregistré au Parlement, que le 12 mai 1712.

Sauf ce retard, très prévu du reste, tout semblait marcher à souhait; mais voilà que le seigneur du lieu, se croyant de ce fait apte à tout et directeur né d'une œuvre qui avait eu l'audace de surgir, de grandir sans lui rien coûter, trouva fort mauvais de voir Mlle Dubourg se réserver l'administration de l'hôpital et le choix du personnel.

Pour tenir les écoles de Fougerolles il fallait, selon lui, les sœurs de La Chapelle-au-Riboul; tant qu'au temporel du nouvel établissement, on le remettrait à l'hôpital de Mayenne qui se chargerait des malades. Avec ces idées en tête, beau parleur sans doute, M. de Beaugy réussit à circonvenir l'évêque. Doué d'une riche imagination et par surcroît d'un esprit de justice au-dessus de tout éloge, il sut lancer contre les sœurs de Fougerolles, devinez quelles accusations? Nous vous le donnons en mille! Tenez, inutile de vous mettre au supplice, voici, au dire de ce gentilhomme, ce dont les compagnes de Marie-Elisabeth Dubourg étaient capables :

« Elles coupaient les jambes de leurs malades à coups de haches. Vous les voyez d'ici brandissant le fer comme Jeanne Hachette, d'héroïque mémoire! Elles leur arrachaient les mains par degrés et les saignaient avec... oh! voilons-nous la face... avec des canifs! »

Hein! quel reporter eût fait ce de Beaugy et de quelles nouvelles à sensation il eut régalé les cent mille lecteurs d'un journal en vogue!

Très résolument soutenue par son curé et par les paroissiens de Fougerolles dont l'estime et la reconnaissance lui étaient acquises, forte surtout de l'appui divin promis à ceux qui *intelligunt super egenum et pauperem*, Mlle Dubourg prouva la pureté de ses intentions, la droiture de sa conduite et obtint gain de cause. Ses dispositions testamentaires, écrites le 2 août 1723, furent, en 1734, confirmées par autorisation royale. Elles portaient que la supérieure de l'hôpital serait élue par les sœurs, quelle ne rendrait compte qu'à l'évêque du Mans et à un procureur nommé par le Parlement.

Trente et un ans après ce triomphe mérité, une des Filles de la courageuse fondatrice commençait le registre que nous possédons et dans lequel désormais nous cueillerons, sans compter, les choses plaisantes et instructives, pour vous les offrir, Lecteur.

IV

LES TERRES DE L'HÔPITAL DE FOUGEROLLES

1763, avril. — Le 15, reçu de Foucaut, pour l'année, de la maison qu'il tient au bourg : quinze livres.

1763, août. — Le 31, reçu quinze boisseaux de bled, *mesure du Teilleul*, du fermier des Landes.

1763, septembre. — Le 6, reçu vingt-six boisseaux et demi de bled, *mesure de Gorron*, de la *Crespinière.*

1764, août. — Le 27, reçu de la *Gaucherie* huit boisseaux et demi de bled, *mesure du Teilleul.*

1765, juin. — Le 10, reçu quatre livres de Perrine Gendron, à valoir sur douze livres, pour deux années de la maison de *Blanche-Lande.*

1765, septembre. — Le 19, mesuré dix boisseaux d'avoine à la *Douardière,* mesure de Gorron.

1767, septembre. — Le 6, reçu de Thomas Boitin, de la *Coutardière,* vingt boisseaux de bled, mesure de Gorron, et en doit encore deux qu'il donnera l'année prochaine.

1768, octobre. — Le 26, reçu d'*Erbonne* quarante boisseaux de carabin, *mesure de Fougères.*

Des articles ci-dessus, il faut conclure qu'en 1763, huit immeubles au moins formaient la dotation de l'hôpital de Fougerolles. — Entendu! mais quelle raison d'aller ainsi les pêcher dans six comptes différents au lieu de les prendre dans le premier qui s'offre, celui de 1763! — La raison! c'est tout simplement l'obligation de prendre les écrits comme ils sont. Or la comptable, la plupart du temps, nous donne le nom des fermiers qui naguère apportaient aux greniers de l'hôpital, sans prendre la peine de nommer la terre qu'ils occupaient. De là, une recherche peu aisée au travers les trente-cinq feuillets du registre. Encore si, après avoir fureté avec ardeur et persévérance, nous avions l'esprit en repos! Par malheur, il en va tout autrement. Figurez-vous qu'à côté des six métairies ou closeries énoncées ci-dessus, nous constatons les apports de neuf fermiers, soit trois dont la résidence nous échappe.

Cette déconvenue franchement avouée, essayons, Lecteur, de vous intéresser aux domaines cités par la comptable et, négligeant la maison du bourg occupée par Jean Foucaut, prenons la route de Landivy. A quelques cents mètres nous tombons sur Blanche-Lande. C'est là un lieu habité de vieille date. Au dire d'auteurs autrement autorisés que nous, il serait mentionné dans le cartulaire d'un prieuré bâti non loin de Fougerolles, sur le bord d'un chemin appelé Montais, par ce motif qu'il conduisait les pèlerins au Mont Saint-Michel.

En ce village de Blanche-Lande, à côté de la petite demeure qui fut la propriété de l'hôpital, les d'Anthenaise possédèrent une terre noble, passée aux de Goué par mariage et devenue, de nos jours, grâce au bon goût des Tanquerel, le bel entourage d'un agréable manoir.

Sans nous attarder davantage, quittons Blanche-Lande pour les Landes, tout court. Nous les trouvons sur la gauche de la route de Désertines. Un ruisseau, de même nom, y prend sa source et, après avoir couru 380 mètres, s'en va rejoindre un affluent de la Colmont.

MM. Le Maistre et Angot distinguent les Hautes et Basses-Landes. Des Hautes, personne n'a jamais conté quoi que ce soit. Voici ce que nous savons des autres :

A la fin du XVIIe siècle, le fief des Landes était aux mains de Gilles des Noës, seigneur d'Hemenard. Ayant naguère discouru complaisamment sur ces des Noës, leur vaillance, leurs largesses, et dit que chez eux le collier de l'ordre du Roi semblait héréditaire (1), nous vous prions simplement de noter que Jeanne des Noës épousa Charles Le Verrier, seigneur de Bremorin. De

(1) Voir : *Le Tiers-Etat au Petit-Maine*, pages 21, 22, 23.

ce mariage naquit Marie Le Verrier, dont le cœur fut conquis par Gilles du Hamel, seigneur de la Gerardière. Par contrat de mariage du 9 juillet 1739, leur fille, Louise-Elisabeth du Hamel, porta les fiefs des Landes et de Bremorin dans la maison de Gaalon. De cette filiation, les preuves se lisent aux archives de la paroisse de Larchamps, au chartrier des Gaalon. Ce dernier mentionne un aveu du fief des Landes, rendu le 25 mai 1737 à Gilles du Hamel, seigneur de la Gerardière et, pour les années 1740, 1741, 1742, des quittances de droits seigneuriaux données aux Hospitalières de Fougerolles par Estienne-Maurice de Gaalon (1), seigneur de Dorière, possesseur du *fief des Landes, à cause de sa femme.*

Sur ce lopin de terre, rien autre chose à vous apprendre, Lecteur ! donc, en route vers La Dorée, où nous devons chercher la closerie de la Gaucherie, cultivée par le sieur Chesnel. Pour abréger le chemin, devisons des gens et des choses d'autrefois :

Les habitations du bourg de La Dorée couvrent le sommet d'un coteau et ses pentes. En y arrivant du côté de Fougerolles, voyez ce chemin qui traverse le nôtre. Eh bien, vous avez sous l'œil cette antique voie dont nous vous parlions tout à l'heure à Blanche-Lande. Les chartes du XIIe siècle l'appelle *via Sancti Michaelis;* les actes du XVe et du XVIe siècle en ont fait le grand chemin Montais. Au moyen âge, elle vit passer, sous le nom de Michelots ou Miquelots, d'in-

(1) Etienne-Maurice de Gaalon était l'arrière-petit-fils de Michel de Gaalon, seigneur des Carreaux et de Dorière, gentilhomme ordinaire de la chambre du Roi, duquel descendaient tous les de Gaalon de l'Avranchin : seigneurs de Surlay, seigneurs de Bremorin, seigneurs du Colombier, etc.

nombrables pèlerins allant au Mont avec gourdes et gourdins, et en revenant les habits chamarrés de coquillages, les chapeaux ornés de figurines en plomb représentant l'archange, patron de la France.

Entré sur le territoire de La Dorée un peu au delà de Mortfontaine, le grand chemin Montais passait, à Milvain, sur des terrains donnés en 1137 à Savigny par un contemporain de saint Vital. Il traversait ensuite le bourg de La Dorée et avant d'atteindre les premiers villages de Landivy, il longeait les constructions du vieux prieuré bénédictin de l'Abbayette.

De moines, il n'en faut plus en France, c'est entendu!

Nous sommes en plein épanouissement de nos forces et, ma foi, le premier usage à en faire, c'est d'être ingrats! car l'Histoire, voire même le tout petit cartulaire de l'Abbayette (1) en main, il faut bien avouer qu'ils eurent leurs jours d'utilité, de popularité, ces moines! Dans ces jours-là, terres, rentes, dîmes, tout leur était très librement prodigué. Venaient ensuite les accès de rage, les heures d'injures, de pillage, de confiscation, d'exil; mais, de ce mal périodique, ils voyaient le retour sans trop d'étonnement et y trouvaient un réel avantage, étant de ceux qui sortent de l'épreuve plus affinés, plus actifs et plus résolus.

Dès lors, pourquoi les plaindre? et puisque l'heure de l'accès a sonné, mangeons du moine à notre tour. D'aucuns disent que c'est dur de digestion; nous verrons bien et, s'il nous en cuit, les futurs historiens ne se priveront pas de le constater.

(1) Ce cartulaire a été publié par le comte Bertrand de Broussillon.

Les Normands du neuvième siècle furent d'un sans-gêne parfait, vis-à-vis de l'Abbayette. Ils ravagèrent le lieu de fond en comble, emportant tout ce qui leur convenait. Ils firent si bel et si bien que, durant des années, on ne vit plus à La Dorée l'ombre d'un moine. Puis, un beau jour, les domaines pillés et depuis usurpés firent retour à l'abbé du Mont Saint-Michel; le prieuré sortit de ses ruines, tandis que, sur le sol, où leurs pères avaient porté le fer et le feu, les Normands, assagis, fondaient nombre d'abbayes et souvent endossaient le cilice et le froc (1).

Cette fin d'accès nous laissant un peu rêveur, pour faire utile diversion, informons-nous du sort des paroissiens de La Dorée et de leurs moines pendant la guerre de Cent Ans. Ce ne sera pas temps perdu; car, allant et venant, nous trouverons bien la Gaucherie à quelque détour, et comme elle eut à supporter sa part d'oppression, parler de l'occupation anglaise n'est pas absolument la mettre hors de cause.

Croyez-vous qu'à l'intention des gens et biens du Mont Saint-Michel, les Anglais aient fait grande provision de tendresse? Malgré leurs attaques renouvelées, le merveilleux Mont était resté français; de là, chez eux, un fond de méchante humeur, tout prêt à s'épandre.

Venues de Mortain à Landivy par Saint-Hilaire-du-Harcouët, leurs forces, pour courir s'installer à

(1) Sur son lit de mort, Guillaume le Conquérant disait à son entourage : « Mes pères avaient fondé en Normandie neuf abbayes de moines et une de religieuses et, grâce à Dieu, elles ont augmenté de mon temps et par mes bienfaits. Depuis que je suis duc, on a bâti dix-sept monastères de moines et six de religieuses, où on fait tous les jours beaucoup de services et de grandes aumônes... ».

Mayenne, avaient le grand chemin Montais, qui passait au milieu des domaines de l'Abbayette. Or, parmi ceux-ci figurait, en 1367, le fief de Teufeu. On y voyait, près d'un affluent de la Chambre : étang, moulin, soixante-dix journaux de terre, cent quarante journaux de bois; avec cela, une maison forte; signalée aux Anglais, elle devint leur proie. Ils y semèrent les ruines comme à Pontmain, Gorron, Montaudin, Larchamps, Ernée. Tandis que leurs bandes armées détruisaient ainsi, leurs collecteurs de taille mettaient le pays sous presse et l'on sait s'ils serraient la vis.

Etant donné le sort des châteaux et maisons fortes, jugez de quelle sécurité devaient jouir les laboureurs dans leurs maisons sans défenses et sur les terrains qu'ils cultivaient. Songez que ces terrains n'étaient pas épars, mais groupés tout autour du prieuré, situation aussi agréable en temps de paix que terrible en temps de guerre et n'offrant alors qu'une consolation, celle d'être écrasés ensemble et d'un même coup. Voulez-vous, au point de vue topographique, vérifier nos dires? Rien de plus aisé! Abandonnons cette pauvre chapelle de l'Abbayette aux pavés verdis par l'humidité, à la voûte effondrée, aux statues vermoulues.

Les Genêts, c'est le nom de cette ferme dont vous apercevez les toits, à quelques cents mètres vers l'Est. Avec les suivantes, elle est couchée en toutes lettres dans la charte de restitution consentie au xᵉ siècle à l'abbé du Mont Saint-Michel.

En continuant, au Sud, vous trouverez la Lortière; au Sud-Est, le Valandré; au Nord, Cantepie, la Piffetière, Ville-Chardon; au Nord-Est enfin, la Scorie et, non loin de cette dernière terre du prieuré, la Gaucherie, appartenant en 1763 à l'hôpital de Fougerolles. Avec votre permission, nous y ferons halte, non pas que le lieu soit considérable et qu'il ait une longue histoire, mais par égard pour ses anciens possesseurs, qui valent réellement la peine d'être nommés et mis en scène.

L'an 1679, un de Goué, en veine de générosité, donna la Gaucherie à son valet, Jean de la Clericière. Bien nantis, bien apparentés, les de Goué comptaient parmi les vaillants du pays. Cités en 1312 aux francs-fiefs de La Dorée, ils suivaient, en 1362 et 1387, la bannière des capitaines en renom. Ecoutez l'un d'eux conter sa militante carrière : il est là dans la grande salle de son manoir, perclus de douleurs, criblé de blessures, en face de gens qui le chicanent et le tourmentent. Se dressant alors comme un vieux lion, sans crainte d'être démenti, il leur jette à la tête qu'il a naguère bien et bellement servi le Roi et ses prédécesseurs. Qui donc, parmi ces détracteurs, fut comme lui, plusieurs fois prisonnier des Anglais? qui plus que lui endura peines, douleurs, misérables journées? S'il est vrai *qu'à délivrer son corps,* à payer la rançon d'un sien frère, à entretenir armes, chevaux, harnais, le tout pour l'honneur et la défense de son pays, il dépensa une large part de son patrimoine, sachez qu'à ce prix il obtint l'estime, la confiance de Charles d'Anjou qui l'envoya, avec une grosse troupe de gens d'armes, harceler le comte de Sommerset, campé devant La Guerche et en train d'en faire le siège.

Fi des jaloux et des envieux! Applaudir au patriotisme, au désintéressement, c'est une trop bonne fortune pour la laisser échapper. Inclinons-nous donc devant ce vieux lutteur, devant tous ceux de son nom appliqués à suivre ses traces; mais restons froids, pour ne pas dire davantage, vis-à-vis de haut et puissant seigneur messire Jean-Baptiste de Goué, conseiller au Grand Conseil. Car, quand on se dit gentilhomme, il ne suffit pas de passer pour habile, il faut être réellement la fleur de l'honnêteté. Sans cela, je vous le demande, à quoi peut servir la noblesse? Or, il arriva qu'à défaut de sentiments nobles, principes des hautes et généreuses actions, Jean-Baptiste de Goué eut le cœur gonflé de rage nobiliaire et malheureusement n'essaya pas de réagir. Comment! les de Goué, en remontant au XIIIe siècle, ne se trouveraient plus d'antécesseurs en situation? et ils vivraient dans cet état d'infériorité!... S'ils n'ont, au moins, un ancêtre aux croisades, à quoi leur sert d'avoir couru les champs de bataille durant la guerre de Cent Ans, d'avoir versé leur sang en Italie, en Flandre, d'avoir entouré les plus illustres? C'est douze générations qu'il faut de plus à leur arbre généalogique. Si perdues qu'elles soient dans le brouillard, Jean-Baptiste de Goué les en fera sortir. De l'érudition, du savoir-faire, il en a tant et plus; avec cela, peu ou point de scrupules, que voulez-vous de mieux pour réussir pareille besogne? Et voilà qu'en plein XVIIe siècle, on vit apparaître une nouvelle généalogie des de Goué remontant à Arnulphe, seigneur de Fougerolles en 914. Des chartes à l'appui, avec sceaux et contre-sceaux, il y en avait à souhait. Elles ne coûtaient qu'à fabriquer. Aussi, tenez pour certain que, sans la crainte d'être banal, et de se créer une trop nombreuse et trop compromettante parenté, l'auteur eût prouvé jusqu'au père Adam.

En tous cas, l'Arnulphe du dixième siècle constituait une superbe trouvaille. Avec ce vieil ancêtre, il devenait si facile d'envoyer les de Goué aux croisades. Jean-Baptiste se garda d'y manquer. Du même coup, il révéla au public savant une croisade, une liste inédite de croisés et le public savant s'y laissa prendre. Il est vrai qu'en cette occasion, le conseiller au Grand Conseil avait déployé tous ses moyens, une véritable coquetterie. A ce jeu, toutefois, le maître conteur de fables se pipa au moins deux fois au lieu d'une.

Ce beau parc de Goué, cette généalogie si travaillée, cette croisade, ces croisés, il eut fallu, tant qu'à faire, les passer à un héritier de son nom! Eh bien, soit ironie du sort, soit vindicte de la loi morale, Jean-Baptiste ne laissa qu'une fille légitime, qui mourut à treize ans. De ce fait, on ne revit plus de Goué à Fougerolles. Et d'un! mais peut-être notre habile riait-il sous cape, espérant leurrer le public jusqu'à la consommation des siècles? Faux calcul! Passées en mains étrangères et sous des yeux perspicaces, les archives de Goué ont démontré les tâtonnements de l'inventeur, ses procédés, ou pour parler au moins une fois le moderne argot, ses trucs; d'où cette conclusion : tel peut hériter d'un noble nom mais oublier de s'en rendre digne.

Abandonnons pour ce qu'il vaut ce rejeton de la branche aînée et nous gardant bien de dire injustement : *ab uno disce omnes*, revenons au bourg visiter le manoir des cadets de Goué. Devineriez-vous quels gens abrite ce petit castel flanqué de tourelles, accosté d'une fuie? Sous ce linteau, orné de l'écusson des de Goué : d'or au lion de gueules à la fleur de lys d'azur en chef, qui donc passe aujourd'hui en maître? Le curé de La Dorée, Lecteur. Oui, la demeure où Jean de Goué vint guérir la glorieuse blessure reçue à Cerisoles sert actuellement de presbytère et nous nous figurons que, dans l'autre vie, ses anciens possesseurs ne s'en trouvent pas plus mal. Eux-mêmes, d'ailleurs, n'avaient-ils pas indiqué cette destination? Que devint, en effet, ce Louis de Goué, d'humeur batailleuse en sa jeunesse, fort opposé aux ligueurs, emmené par eux à Fougères et sorti de là pour rentrer à main armée dans le manoir de ses pères? — Ce qu'il devint? — Un calotin, curé de La Dorée, et comme tel appliqué à reconstruire l'église du lieu que les Calvinistes s'étaient fait le religieux devoir d'incendier. Les chroniqueurs assurent qu'il fut généreusement secondé par Paul Chupin, seigneur de Marcilly et de la Maisonrouge.

A l'hérésie, Goué et Chupin avaient fourni de sérieux contingents. L'occasion est bonne pour vous les signaler, Lecteur. Parmi les victimes de la Saint-Barthelémy, figure Jacques de Goué; parmi les enragés qui prirent et saccagèrent Le Mans sans oublier de piller sa cathédrale, Jean de Goué, seigneur de Clivoy, paraît dans un bon rang et, pour comble, son fils Guy, capitaine de cent chevau-légers, maréchal de camp, pensionnaire du Roi, gagne les bonnes grâces du gouverneur de Vitré, Jean du Matz, sieur de Montmartin, qui lui accorde trois lignes de ses Mémoires.

Tandis que Goué lançait dans la mêlée les ardents et les forts, Chupin se chargeait d'y introduire l'élément qui séduit, entraîne et captive. A côté de François Chupin, seigneur du Pontaubrée, l'heureux époux d'une calviniste vitréenne de la plus belle eau, Sarah Le Lymonnier, nos registres mentionnent Marie Chupin, mariée à Paul Buynard, écuyer, sieur du Lobo; Débora Chupin, unie en 1638 à Jean de Pierres, seigneur de Saint-Souvis (1). Vous concevez bien, Lecteur, que quand on avait l'heur de s'appeler Débora, on devait se sentir des inspirations de prophétesse. Ajoutez à cela des prunelles incendiaires, une voix enchanteresse pour faire valoir les Psaumes de Marot, et comptez ensuite le nombre des victimes !

Le bienfaiteur de l'église de La Dorée, Paul Chupin, n'alla pas chercher la compagne de sa vie parmi les Sarah, Rachel, Débora ou Abigail du clan protestant. Bon catholique, il conduisit à Maisonrouge une fille de la maison de Goué, bonne catholique comme lui, et répondant au prénom très commun de Julienne. A une faible distance de La Dorée, au bout d'une avenue de hêtres ouverte sur la gauche du chemin qui mène à La Tannière, nous trouverons la demeure de Paul et de Julienne. Ils étaient là tout près de leur parente, Renée de Goué, dame du Pontavice, de Saint-Laurent et de la Lande aux Chevaliers. Cette Lande a quelque attrait pour nous, et nous pouvons y entrer sans craindre d'y passer pour étranger. C'est, du reste, une curieuse habitation. Bien plantée, au sommet d'un coteau, pourvue de deux étages, agrémentée de tourelles, elle domine un ensemble d'étangs, de prairies et de bois. L'an 1603, au bras de César du Pontavice, fils aîné d'Yves et de Renée de Goué,

(1) Voir : *Les Registres protestants de Vitré*, par l'abbé Paris-Jallobert.

Renée Lasne en passait le seuil et s'y installait en dame et maîtresse. Fille d'écuyer Jean Lasne et de Jeanne de Gaulay, cette bretonne se trouvait, du côté maternel, petite-fille de Gilles de Gaulay et de Barthomée de la Haultonnière. La famille de son père, dont nous avons édité avec un filial respect les curieuses archives (1), pouvait citer à tous venants des défenseurs de la nationalité bretonne, en 1483 et 1487 : un fondateur de la chapelle Notre-Dame en l'église Saint-Léonard de Fougères, l'an 1400 ; et, au XIIe siècle, des bienfaiteurs de l'abbaye de Rillé. Elle donnait ainsi toute satisfaction et à ceux qui mesurent la noblesse à la générosité du cœur, aux services rendus, et à ceux qui la toisent au nombre des siècles vécus. Les uns et les autres sauront que notre Renée Lasne est l'ancêtre de ceux qui portent actuellement le nom de du Pontavice, qu'ils soient du Vaugarny, de Heussey ou des Renardières (2).

Avant de prendre congé des châtelains de la Lande, souvenons-nous qu'en fait de bons exemples, il convient de ne rien omettre. Notons donc du plus grand cœur, qu'au commencement du XVIIIe siècle, émue de tendre piété, une dame du Pontavice (3) fonda, en l'église de La Dorée, la lampe du Très Saint-Sacrement. Sur ce, poursuivons notre dessein et, tout en cheminant vers les terres de l'hôpital de

(1) Voir : dans le premier volume des *Mœurs et Coutumes des Familles bretonnes,* les fondateurs de la chapelle Notre-Dame en l'église Saint-Léonard de Fougères.

(2) Voir : deux Généalogies de la maison du Pontavice, l'une éditée à Paris par M. Courtaux ; l'autre, publiée à Rennes par le vicomte P. du Pontavice.

(3) Jacquine de Visdeloup.

Fougerolles, continuons de photographier et les hommes et les choses.

Tout proche, au sortir de la Lande, voici le chemin de Saint-Berthevin-La Tannière. Enfilons le, car des gens bien informés nous assurent qu'en cette paroisse, nous devons trouver trois terres de l'hôpital, à savoir : la Coutardière, la Douardière, la Crespinière. Avant d'atteindre les deux premières, il nous faut traverser Heménard, l'ancien domaine des des Noës et le bourg de Saint-Berthevin. Ici, Goué perd pied. Ce sont les des Vaux de Levaré qui tiennent le haut du pavé; ce sont eux qui viennent en aide à la fondatrice de l'hôpital de Fougerolles en lui vendant les trois fermes que nous venons de nommer. Sises au Sud-Est de Saint-Berthevin et peu éloignées de Carelles, la Coutardière et la Douardière sont voisines. Toutes les deux donnent leurs noms à deux petits cours d'eau, affluents de la Merière. En 1763, Pierre Ferrand fait valoir la Coutardière; Jean Merienne cultive la Douardière et la Crespinière est occupée par Pierre Merienne.

De 1662 à 1675, cette ferme avait abrité l'existence de Julienne des Vaux. — Comment? une parente de ces marquis de Levaré, chevaliers de l'ordre, alliés aux d'Avaugour, Vendôme, du Guesclin, de Sesmaisons, échouée au milieu des pailles et des fumiers d'une méchante métairie! décidément, vous nous en contez de belles! De si belles et de si vraies, Lecteur, que vous seriez bien naïf de vous en étonner outre-mesure, rappelez-vous donc les us et coutumes du vieux temps.

Lors, chez les grands et les petits, on ne se privait pas d'avoir de nombreux enfants. Dans les familles qui se gouvernaient noblement, l'aîné recueillait la part du lion; le reste se divisait entre la multitude des juveigneurs et comme les enfants de ceux-ci pratiquaient le même mode de partage, il arrivait que les juveigneurs fils, petits-fils et arrière-petits-fils de juveigneurs se trouvaient, sinon pauvres, du moins bien près de l'être [1].

Songer à grossir leur maigre revenu à l'aide d'opérations commerciales, impossible sous peine de dérogeance! d'où l'obligation d'habiter au-dessus de leurs métayers une ou deux chambres hautes et d'y tirer, jusqu'à ruine complète, le diable par la queue.

Noble ou non, le Fougerollais Jean Norry ne se résigna pas à végéter de la sorte. Il partit pour les Indes et vendit ses terres, ses bois, son moulin à tan d'Erbonne en Montaudin à François Houdry, sieur de la Rousselière. La veuve de ce dernier, Julienne de Charné, revendit le tout à la fondatrice de l'hôpital de Fougerolles.

Ainsi renseignés sur les possessions immobilières de l'œuvre créée par Marie-Elisabeth Dubourg, revenons à notre point de départ et entrons résolument dans le pays des chiffres.

(1) *Les Réformations de Bretagne,* publiées par le comte DE LAIGUE, mettent à nu la pénurie, la misère de certains cadets de noblesse n'ayant pour toute ressource que cent sous de rente (environ 550 francs) et obligés quand même à se présenter aux montres convenablement armés, sauf, entre temps, à tenir tavernes pour se refaire.

V

CE QUE POUVAIENT RAPPORTER ANNUELLEMENT LES TERRES DE L'HÔPITAL DE FOUGEROLLES

De ces diverses propriétés, quel était le mode d'affermage? — La plupart suivaient les pratiques du métayage. On y cultivait très peu de froment. Notre comptable le prouvera en ces termes :

Août 1763. — Le 18, reçu quatre boisseaux de froment de Menard, mesure de Fougères.

Où loge ce Menard? est-ce à Erbonne? Il faut se contenter d'un peut-être, car rien ne permet encore d'assurer le fait.

Septembre 1764. — Le 1er, reçu de Michel Gaumerais deux boisseaux et demi de froment, mesure du Teilleul.

Longtemps nous nous sommes demandé quelle terre faisait valoir ce brave Michel et voilà qu'un beau jour nous tombons sur cette inscription :

1765, novembre. — Le 16, reçu quatre poulets de Michel Gaumerais, de Launay.

Et vite de recourir aux cartes d'état-major et du service vicinal, aux dictionnaires historiques et topographiques de la Mayenne et tout aussitôt de trouver, au nord de Fougerolles, non pas Launay mais l'Aunay. Ce point acquis, revenons au froment :

1765, aoust. — Le 29, reçu de la Douardière un boisseau de froment, mesure de Gorron.

1765, octobre. — Le 8, reçu de Jean Merienne, de la Douardière, deux boisseaux de froment, mesure de Gorron, dont on doit lui tenir compte d'un pour sa moitié.

1766, aoust. — Le 30, reçu de Menard un boisseau de froment, mesure de Fougères.

1767, septembre. — Le 15, reçu de Menard deux boisseaux de froment, mesure de Fougères.

1767, novembre. — Le 11, reçu de la jeune veuve Menard cinq demeaux de froment; la belle-mère en doit encore cinq demeaux.

1767, décembre. — Le 21, reçu de Jean Breton, d'Erbonne, cinq demeaux de froment.

1768, décembre. — Le 12, reçu *de la Violette* quatre boisseaux de froment, mesure de Fougères.

La Violette n'est pas le nom d'une terre, mais celui d'un cultivateur. Encore un que nous ne savons où loger.

Avant de récapituler, notez, Lecteur, les différentes mesures : boisseau, demeau, boisseau de Gorron, boisseau de Fougères, boisseau du Tilleul. Comment nous tirer de là? Pour l'instant, regardons comme chose certaine que deux demeaux font le boisseau et, sans trop nous préoccuper du reste, disons que, durant six années, il entra dans les greniers de l'hôpital de Fougerolles :

1° Seize boisseaux et un demeau de froment, mesure de Fougères;

2° Deux boisseaux et un demeau, mesure du Tilleul;

3° Deux boisseaux, mesure de Gorron.

Il en va autrement des autres récoltes : blé ou seigle, blé noir ou carabin, avoine grosse et avoine menue. Pour ne pas vous accabler dès l'abord sous le poids des nombres, nous vous offrons le produit de ces divers grains en 1763, puis la moyenne de leur rendement pour six années.

Sauf erreur ou omission, la part revenant à l'hôpital de Fougerolles dans la récolte de blé de 1763 égalait soixante et un boisseaux mesure du Tilleul, quatre-vingt-huit boisseaux et un demeau mesure de Gorron, et soixante-douze boisseaux mesure de Fougères.

Les terres où l'on partage suivant la mesure du Tilleul sont les Landes et l'Aunay, en Fougerolles; la Gaucherie, en La Dorée.

La mesure de Gorron s'emploie en la paroisse de Saint-Berthevin-La Tannière, sur la Crespinière, la Coutardière, la Douardière. Les fermiers Menard et Pouriel usent seuls de la mesure de Fougères. Sont-ils établis tous les deux à Erbonne?

Moyenne faite pour six années, nous obtenons trente-cinq boisseaux de blé mesure du Tilleul, soixante-dix boisseaux mesure de Gorron, soixante-cinq boisseaux mesure de Fougères, tous chiffres inférieurs aux rendements de 1763.

Voyons le carabin. Il se plaît en terre meuble; semé clair, il branche et se charge de grain. C'est, en définitive, le triomphe du Maine. Quatre-vingt-un boisseaux mesure du Tilleul, cent soixante-neuf mesure de Gorron, quatre-vingt-deux mesure de Fougères, représentent la récolte de 1763. A ces quantités, si nous opposons les chiffres de la moyenne, savoir : 63, 41, 75, il faut convenir qu'en fait de seigle et de blé noir, 1763 fut une année d'abondance. Reste à savoir si, pour l'avoine, nous aurons à constater le même résultat.

Sur les terres qui mesurent au boisseau du Tilleul, l'hôpital a recueilli, en 1763, quarante-quatre boisseaux de grosse avoine, vingt-sept boisseaux et demi d'avoine menue, soit soixante et onze boisseaux et demi.

Sur celles qui emploient le boisseau de Gorron, il a été récolté trente-neuf boisseaux un quart, et trente boisseaux trois demeaux sur les terres où la mesure de Fougères est usitée.

Or, la moyenne nous donne quarante-cinq boisseaux du Tilleul, cinquante-deux boisseaux de Gorron, vingt-neuf boisseaux de Fougères. Ces chiffres ne paraissent pas faits pour enlever la supériorité à 1763. Il ne faut pourtant pas s'y fier ; car nous ne tarderons pas à reconnaître que le boisseau du Tilleul est notablement inférieur à celui de Gorron.

En attendant, il serait à propos d'expliquer la faible production des sept fermes ou closeries sur lesquelles nous avons discouru tant et plus. L'explication ne sera ni longue ni difficile. Aux gens du Maine, voire même de Fougerolles, l'honneur de vous la fournir, Lecteur ! Nous nous effaçons devant eux.

A la fin du XVIIIe siècle, l'agriculture était loin des progrès actuels. On avait pour coutume d'emblaver le quart seulement des terres labourables ; après trois récoltes le sol restait au repos durant quatre ou cinq années. Les champs servaient alors au pacage ou produisaient des genêts dont la hauteur atteignait les premières branches des pommiers, offrant ainsi d'excellentes remises au gibier en même temps qu'ils appauvrissaient le sol. Cultiver le trèfle, passait pour une audace voisine de la folie. Tant qu'à transporter des engrais autres que les fumiers des étables, il eût fallu, pour y réussir, d'autres chemins.

Qui donc nous a mis en main ces renseignements précis? Hélas, il faut bien l'avouer, nous les devons à deux calotins: l'un curé de Ruillé-le-Gravelais; l'autre, curé de Fougerolles. Entre divers torts, le premier, nommé Launay, eut celui d'introduire dans sa paroisse la culture du trèfle (1); le second, dit Ouvrard de la Haye, se permit d'inventer, de perfectionner une machine agricole destinée à défoncer les terres en jachères. Diables d'hommes! on les rencontre partout où le progrès se réalise. Raison de plus pour crier, à plein gosier : le cléricalisme, voilà l'ennemi! à la rescousse!

Pour peu qu'on veuille réfléchir aux quantités exprimées ci-dessus, personne ne s'étonnera d'entendre dire que le gros du froment, du seigle et du blé noir récolté servait à l'alimentation du personnel hospitalier et des malades. Sur le nombre, cependant, quelques boisseaux étaient vendus. Excellente occasion, pensez-vous, pour évaluer en argent le produit des récoltes! Oui, si pour la vente on avait usé des mesures employées au partage. Mais, là-dessus, il convient d'entendre la comptable :

Mars 1763. — Le 24, reçu *dix livres cinq sous* pour *cinq* boisseaux de carabin.

Id. — Le 27, reçu deux livres un sou pour un boisseau de carabin.

Id. — Le 27, reçu *vingt sous* pour un boisseau d'avoine.

Avril 1763. — Le 12, reçu deux livres un sou pour un boisseau de carabin.

(1) Voir, dans le *Bulletin historique de la Mayenne*, les observations de M. Launay, curé de Ruillé-le-Gravelais, 1771-1790, éditées par M. E. Laurain, archiviste de la Mayenne.

Avril 1763. — Le 21, reçu deux livres pour un boisseau de carabin.

May 1763. — Le 9, reçu *vingt sous* pour *un demeau* de carabin.

Id. — Le 17, reçu deux livres pour un boisseau de carabin.

Id. — Le 21, reçu dix livres dix sous pour cinq boisseaux de carabin.

Id. — Le 24, reçu *trois livres trois sous* pour un boisseau de carabin, *mesure de Landivy.*

Id. — Le 26, reçu onze livres pour cinq boisseaux de carabin.

Id. — Le 30, reçu quatre livres de Michel Pelé pour deux boisseaux de carabin.

Juin 1763. — Le 2, reçu de Charles Baudron *vingt sous* pour un demeau de carabin.

Id. — Le 3, vendu un boisseau de carabin à Michel Fouilleul, *mesure de Landivy*, à trois livres trois sous.

Id. — Le 7, vendu à François Vallet, des Gobières, deux boisseaux de carabin, à deux livres le boisseau.

Juin 1763. — Le 7, reçu dix-sept livres pour six *boisseaux de blé*, mesure du *Tilleul.*

Id. — Le 8, vendu deux boisseaux de carabin, à deux livres le boisseau.

Id. — Le 8, vendu à Jean Beauvais un *demeau* de carabin : une livre.

Id. — Le 9, reçu une livre pour un demeau de carabin.

Id. — Reçu quatre livres de François Vallet, des Gobières, pour deux boisseaux de carabin, à quarante sous le boisseau, mesure *du Tilleul.*

Id. — Le 12, vendu cinq boisseaux de carabin, mesure *du Tilleul :* onze livres.

Id. — Plus, vendu cinq boisseaux de carabin, dix livres dix-sept sous six deniers, *mesure du Tilleul.*

Id. — Le 23, reçu une livre pour un demeau de carabin.

Id. — Le 30, vendu un boisseau de carabin à Michel Pelé, à trente-huit sous le boisseau.

Juin 1763. — Le 30, reçu neuf livres dix sols pour cinq boisseaux de carabin, mesure du Tilleul.

Juillet 1763. — Le 5, reçu deux livres pour un boisseau de carabin, vendu à Léonard *Hodebert.*

Id. — Plus, reçu vingt sous pour un demeau de carabin de François Vallet, des Gobières.

Id. — Plus, reçu de Charles Baudron quatre livres pour deux boisseaux de carabin.

Id. — Le 12, reçu trente-huit sous pour un boisseau de carabin.

Id. — Le 14, reçu trente-trois livres seize sous pour douze boisseaux de blé du Tilleul.

Id. — Le 15, reçu vingt sous de Beauvais pour un *demeau* de carabin.

Id. — Le 23, reçu dix-sept livres quatre sous pour six boisseaux de blé, mesure du Tilleul.

Id. — Le 25, reçu trente-huit sous de Beaudron, pour un boisseau de carabin.

Août 1763. — Reçu huit livres onze sous pour trois boisseaux de bled, mesure du Tilleul.

Id. — Le 18, reçu sept livres dix sous pour trois boisseaux de bled.

Id. — Le 18, reçu quatre livres deux sous pour *quatre boisseaux d'avoine.*

Novembre 1763. — Reçu onze livres deux sols pour six boisseaux de bled, mesure du Tilleul.

De ce copieux extrait, dégageons et classons les

observations utiles. Dans le cours de l'année 1763, la comptable a donc vendu trente-deux boisseaux de blé, quarante-huit boisseaux de carabin et cinq d'avoine.

Plusieurs de ces ventes sont effectuées sans préciser la mesure adoptée ; mais, en comparant leurs chiffres et ceux des transactions où la mesure du Tilleul intervient, nous sommes en droit de conclure que là où la comptable se tait, il faut toujours sous-entendre : mesure du Tilleul.

Observez, en outre, que le boisseau de Landivy est d'un tiers supérieur à celui du Tilleul. N'oubliez pas non plus qu'un demeau est la moitié du boisseau, qu'il s'agisse de froment, de seigle ou de blé noir. Nous verrons, s'il y a lieu, combien il faut de demeaux pour égaler un boisseau d'avoine. Pour l'instant, rendons-nous compte des prix de chaque espèce de grains vendus mesure du Tilleul :

En juin 1763, le blé vaut cinquante-six sous huit deniers ; en juillet, cinquante-sept sous quatre deniers, puis cinquante-six sous quatre deniers ; au commencement d'août, on le cote cinquante-sept sous ; en fin d'août, il descend à cinquante-cinq sous pour tomber, en novembre, à trente-sept sous ; d'où, abstraction faite des deniers, une moyenne de cinquante-trois sous. Nous souvenant que les Landes, l'Aunay, la Gaucherie, ont apporté à l'hôpital soixante et un boisseaux de blé, formons rapidement un produit de cent soixante et une livres treize sous.

En mars, avril, mai et premiers jours de juin, le blé noir est acheté quarante, quarante et un sous le boisseau. En fin de juin, il ne vaut que trente-huit sous. Il en résulte qu'une moyenne de deux livres paraît acceptable. Or, en 1763, notre comptable a noté l'entrée de quatre-vingt-un boisseaux qui font, à deux livres l'un : cent soixante-deux livres.

En fait d'avoine, sans distinguer entre grosse, menue et trémas, cotons le boisseau à vingt sous et, de ce chef, inscrivons un total de soixante et onze livres. Et maintenant, béni soit qui pourrait nous indiquer le rapport existant entre la mesure de Gorron et celle du Tilleul. A tout hasard, feuilletons de nouveau notre registre. Jusqu'au feuillet 29e, pas la plus mince indication; mais au recto du 30e, ces deux intéressantes lignes : « Août 1768. — Le 25, reçu de Jean Merienne quinze boisseaux de bled, mesure de Gorron, qui font trente-quatre boisseaux, petite mesure du Tilleul ».

Est-ce clair? Trop clair! Il y avait donc au Tilleul deux mesures. Laquelle, de la grande ou de la petite, servait à la vente des grains de l'hôpital de Fougerolles? Comment choisir? En réfléchissant que la comptable devait avoir en vue celle qui seule l'intéressait et aidait à ses transactions, c'est-à-dire la petite, hâtons-nous donc de mettre à profit le rapport de 15 à 34, et disons :

1° Quatre-vingt-huit boisseaux de blé, mesure de Gorron, font cent quatre-vingt-dix-neuf boisseaux du Tilleul, lesquels, à cinquante-trois sous l'un, donnent cinq cent vingt-sept livres;

2° Cent soixante-neuf boisseaux de blé noir Gorron valent trois cent quatre-vingt-trois boisseaux du Tilleul, à deux livres l'un, nous obtenons sept cent soixante-six livres;

3° Trente-neuf boisseaux d'avoine Gorron sont l'équivalent de quatre-vingt-huit, mesure du Tilleul.

A vingt sous l'un, c'est un total de quatre-vingt-huit livres.

Que la Providence des chercheurs nous permette en outre d'évaluer la mesure de Fougères, et nous faisons des récoltes de l'hôpital une triomphante récapitulation !

Un savant fougerais, M. Maupillé, affirme quelque part que cinq boisseaux, mesure de Savigny, égalaient deux boisseaux de Fougères. Le boisseau Savigny pesant seize livres, quatre-vingts livres faisaient le poids de cinq boisseaux, donc le boisseau de Fougères pesait quarante livres.

Daignez vous reporter, Lecteur, à cet article daté du 3 juin 1763 : «Vendu un boisseau de carabin à Michel Fouilleul, *mesure de Landivy, à trois livres trois sous* ».

Eh bien, vous nous parlez boisseau de Fougères, pour nous jeter ensuite entre les jambes le boisseau de Landivy; à quoi pensez-vous? — à comparer les poids de ces deux mesures; car si, grâce à M. Maupillé, nous connaissons les quarante livres du boisseau de Fougères, grâce à M. l'abbé Angot, nous pouvons parler des cinquante-cinq livres du boisseau de Landivy. Dès lors, toute facilité pour convertir; et, le registre de Fougerolles aidant, toute facilité pour évaluer.

Mettons-nous à l'œuvre : soixante-douze boisseaux de blé, quatre-vingt-deux boisseaux de carabin, trente et un boisseaux d'avoine, mesure de Fougères, apportés à l'hôpital par les fermiers Menard et Pouriel, deviennent : 52, 59, 21 boisseaux, mesure de Landivy.

Sur le prix du seigle, vendu suivant cette dernière

mesure, la comptable est muette; mais c'est l'heure ou jamais de rappeler ce qu'elle a écrit du blé noir : Ce qui vaut deux livres un sou, mesure du Tilleul, vaut, à la mesure de Landivy, trois livres trois sous, soit une majoration d'un tiers. Appliquons cette majoration au blé. On le livre à cinquante-trois sous, boisseau du Tilleul; mesure de Landivy, il sera donc payé trois livres dix-neuf sous. Ce chiffre, multiplié par 52, offre pour produit : deux cent cinq livres.

D'autre part, les quatre-vingt-deux boisseaux de carabin mesure de Fougères, devenus cinquante-neuf boisseaux mesure de Landivy, à trois livres trois sous l'un, représentent cent quatre-vingt-cinq livres; et, tant qu'à l'avoine, jugez s'il sera difficile d'en établir le produit : «1765. — Reçu, le 22 mai, seize livres dix-huit sous pour treize boisseaux d'avoine à *vingt-six sous le boisseau, mesure de Landivy*».

Vingt et un boisseaux, à ce prix, donnent vingt-sept livres six sous.

Dans le dessein d'être aussi complet que possible, ajoutons à ces résultats l'évaluation approximative des quatre boisseaux de froment récoltés en 1763. Au dire de Guitet de la Houllerie, le grain se vendait, en 1765, quatre livres quatre sous le boisseau de Laval; en 1769, cinq livres. Cotons-le quatre livres dix sous et, pour nos quatre boisseaux, marquons : dix-huit livres.

Totalisés, ces divers produits portent à 2.210 livres le prix des grains recueillis en 1763 dans les greniers de l'hôpital de Fougerolles. Et, là-dessus, Lecteur, foin de tous les boisseaux d'ancien régime! Vive l'unité de poids et mesures! Vive l'unité monétaire!

Mais les grains ne sont pas les seuls dons que la terre nous prodigue. Elle est véritablement l'*Alma mater*, à la condition toutefois que l'homme lui consacre son labeur, priant Dieu de faire le reste. Il n'est pas d'exploitation rurale sans chennevière, sans vergers, sans quelques belles prairies où la faux se promène en juin, où les bœufs, les vaches laitières, les génisses et génissons s'en vont paissant et ruminant durant l'été et l'automne.

Aux laboureurs, parfois, les saisons sont cruelles.
Aux caprices des cieux, leurs travaux sont soumis.
Les blés, tendres encor, sont broyés par les grêles.
Les vergers sont battus par les vents ennemis.

Le désastre pourtant n'est jamais sans remède.
Avant peu, sous leurs toits, la douleur s'interrompt.
La pomme fait défaut, les prés viendront en aide.
Si les blés ont manqué, les grands bœufs se vendront (1).

Pas de ferme au Bas-Maine qui n'ait, à côté des étables dont *les bœufs se vendront*, une cour encombrée de porcs qui grognent et se vautrent, de poules qui picorent, d'oies s'en allant cous tendus et jars en tête à l'encontre de quiconque les dérange ou leur parait un intrus. Les propriétés de l'hôpital de Fougerolles ne font pas exception. Tout ce que nous venons d'énumérer s'y trouve. C'est à la comptable de nous en dire le détail, les prix, les profits.

Cueilli en septembre, le chanvre est mis à rouir. Cette opération faite, on le sèche au four, d'où il sort pour être broyé. On l'apporte en cet état à la comptable qui note son entrée en ces termes : «Janvier

(1) AUTRAN, *Vie rurale*.

1763. — Reçu vingt livres de chanvre broyé de Pierre Merienne (poids de vingt-quatre onces).

Pourquoi ces vingt-quatre onces entre parenthèse? Eh! Lecteur, c'est qu'en ce temps-là, pour simplifier les calculs, il y avait livre de vingt-quatre onces, livre de dix-huit onces; livre de seize onces. Fort heureusement cette fois, le chanvre est toujours pesé à la livre de vingt-quatre onces. De là, pour six années, un total aisément obtenu de quatre cent cinquante-deux-livres et demie. Soit une moyenne annuelle de soixante-quinze livres huit onces. Ne nous demandez pas d'estimer en argent. A cet égard, si les comptes ne révèlent rien, ils nous apprennent du moins que le chanvre, devenu fil, se vend à l'hôpital de Fougerolles quarante-deux sous sept deniers la livre.

Et ce fil, à son tour, que devient-il? Vous le saurez, mais laissez-nous aller notre train, autrement nous serions capable de rester perdu avec vous dans le dédale des chiffres.

Blés récoltés, chanvres cueillis, labours faits, c'est l'heure de faire jouer les pressoirs, ces machines d'antan, si encombrantes qu'il faut, pour les mettre à l'abri, des bâtiments spéciaux. Dans le pays de Fougerolles, point de vignes, partant pas de raisins, mais des pommes et surtout des poires à pressurer.

Seule de toutes les fermes de l'hôpital, la Gaucherie fournit une part de pommes et de poires. Cet apport, comme vous l'allez voir, n'est pas considérable.

En 1763, nulle inscription! Sans doute

D'une nuit, l'haleine empoisonnée,
Dessécha dans sa fleur tout l'espoir de l'année (1).

(1) Chênedollé, *La gelée d'avril*.

Le 15 octobre de l'année suivante, la comptable écrivit : « Reçu de Baudron huit boisseaux de poires; nous devons lui tenir compte de quatre pour sa moitié, à *quatre sous le boisseau* ».

Il faut croire qu'en avril 1765 la gelée d'avril fut aussi traîtresse qu'en 1763; car de pommes ou de poires, nulles nouvelles!

L'année suivante fut meilleure : « 1766, octobre. — Le 8, reçu de Michel Chesnel (successeur de Baudron, à la Gaucherie) dix-huit boisseaux de pommes à faire du cidre, mesure du Tilleul ».

En 1767, récolte nulle, mais en revanche, trois bons apports en 1768.

Septembre. — Le 11, reçu de Chesnel seize boisseaux de poires.

Id. — Le 14, reçu, dudit Chesnel, douze boisseaux de poires.

Octobre. — Le 8, reçu du même huit boisseaux de pommes à faire du cidre.

En tout, cinquante-huit boisseaux, voilà certes une belle ressource pour désaltérer tout le personnel du charitable établissement; aussi devons-nous supposer qu'on y suppléait en achetant des fruits, soit aux environs de Fougerolles, soit en Normandie, avec l'argent versé en échange des pommes et poires dont les autres fermiers gardaient la libre disposition. Les cidres étaient alors fabriqués au pressoir de l'hôpital où, pour tenir les fûts en état, on trouvait une provision de cercles si ample qu'on pouvait en passer à autrui.

Février 1766. — Le 7, reçu de M. Vallet cinquante-cinq sous pour deux douzaines de cercles.

Avril 1766. — Le 10, reçu trente sous pour une douzaine de cercles.

Juillet 1766. — Le 27, reçu deux livres dix sous pour deux douzaines de cercles.

A côté du prix des cercles, il convient de placer le produit des arbres de haute futaie. Partie de ces arbres servait de combustible et la comptable notait, sans doute, les quantités affectées à cette destination sur un livre spécial, dont elle s'est chargée de nous révéler l'existence en écrivant, au compte des recettes, le 27 décembre 1765 :

« Ecrit *dans le livre des fermes* comme quoi, de ce mois, j'ay reçu cent soixante-cinq livres trois sous six deniers. Total des sommes reçues dans le cours du mois de décembre : deux cent dix-huit livres treize sous six deniers ».

Sur ce même livre des fermes figurait probablement le nombre des arbres abattus pour réparations des édifices ruraux; châtaigniers pour lattes et essentes; chênes pour bois de charpente. De ces travaux, notre registre parle comme suit : « Le 20 décembre 1767, noté que le fermier des Landes a fait les journées de charpente à recouvrir, à fendre la latte et essente. Il doit ces journées suivant son bail pour cette maison ».

« Le 11 octobre 1768, compté avec le sieur Pierre Ferrant pour ce qu'il nous devait de reste, du temps qu'il a été sur la terre de la Coutardière. Reçu du dit Ferrant quarante livres pour l'année d'effouil de 1765. Sur cette dite somme nous lui tenons compte et diminuons *trois livres huit sous* pour *soixante-huit pavés en briques* qu'il a achetés pour le four de la Coutardière, plus nous lui tenons encore compte de la somme de deux livres sept sous qu'il a dit avoir payée à l'ouvrier qui a *raccommodé le pressoir* de ladite terre, n'ayant point pris de quittance de cet homme ».

« Le 30 octobre 1768, reçu de Gilles Besnard la somme de quarante livres quatre sous, pour reste de ce que le dit Besnard nous devait pour les années *depuis* 1759 pour ce qu'il *tient de cet hôpital à la Rostière,* quitte de tout jusqu'au 23 avril 1768, jour Saint-Georges. Tenu compte au dit Besnard dans ce reçu de deux livres quatorze sous que nous lui devions, *pour les journées du charpentier* comme il est marqué ».

La Rostière est en Saint-Mars-sur-la-Futaie. La tenue exploitée par Gilles Besnard y représentait un fermage annuel de quatre livres neuf sous quatre deniers. C'est un minuscule domaine à ajouter aux terres que nous connaissons et sur lesquels poussent à plaisir les hêtres ou fouteaux au tronc élancé, à l'élégante coupelle. Trop nombreux, ils deviennent pour les récoltes des voisins incommodes. Rien ne profite sous leur ombrage. D'ailleurs, en mains d'ouvriers, ils font des sabots si légers, si utiles ! (1) Que de motifs pour les convertir en écus sonnants, dès qu'ils ont atteint une grosseur suffisante ! A l'hôpital de Fougerolles, on raisonnait de la sorte et l'on vendait à l'occasion.

Mars 1766. — Le 1er, reçu vingt et une livres de M. Dubois, pour six fouteaux que nous avons vendus de la terre d'Erbonne.

(1) Les hêtres servaient encore à chauffer les fours du verrier Bigaglia, vénitien de naissance et établi en 1689 dans la forêt de Glenne, s'étendant sur Saint-Mars-sur-la-Futaie et les paroisses voisines. Par testament de 1809, déposé en l'étude de Me J.-Auguste Dorange, notaire royal à Fougères, une descendante de ce verrier, Anne-Thérèse de Bigaglia, déclarait donner aux pauvres de Billé cent livres ; aux pauvres de *Landivy*, la même somme.

Avril 1763. — Reçu trois livres de M. Dubois pour un fouteau.

Mai 1766. — Le 12, reçu trente-six livres pour six fouteaux de dessus Erbonne, vendus à M. le curé de Montaudin.

Octobre 1766. — Le 21, reçu dix livres de la veuve Menard pour trois fouteaux d'Erbonne.

Décembre 1766. — Le 14, reçu douze livres pour prix de trois fouteaux d'Erbonne.

Mars 1768. — Le 22, reçu dix-sept livres pour six petits fouteaux pris sur Erbonne.

La livre, au temps de Louis XV, valant 1 fr. 66, les six hêtres vendus à M. le curé de Montaudin représentent, comme valeur intrinsèque : 59 fr. 76. Pour obtenir la valeur comparative, les uns assurent qu'il faut multiplier par 4; les autres soutiennent que 6 est le bon multiplicateur. Nous nous contenterons de quadrupler et d'arriver ainsi à 239 francs. Supposez les six hêtres d'égal volume, chacun d'eux vaudra 40 francs.

Avant de poursuivre, si vous voulez bien le permettre, Lecteur, nous ouvrirons le *Glossaire des Parlers du Bas-Maine* pour y chercher un mot que nous venons de lire et qui revient souvent sous la plume de la comptable avec orthographe variée : efouil ou l'éfouill.

Prononcé par le cultivateur manceau, ce mot répond à *éfu, éfuy, éfuye.* Il signifie, suivant M. Dottin, un bénéfice sur la vente des bestiaux. *Fér déz éfuy,* c'est vendre les bestiaux qui sont de trop sur une ferme. Il est donc bien entendu qu'en marquant, dans un premier article, une recette pour éfouil, et, plus loin, une autre recette pour profit de bêtes, la comptable exprime différemment une seule et même opération commerciale. *M'est avis* que nous pouvons désormais aller de l'avant.

Mars 1763. — Le 26, reçu neuf livres de Charles Baudron, pour profit des bœufs qu'il a vendus.

Ces neuf livres représentent 59 francs de notre monnaie.

Mars 1763. — Le 27, reçu de Baudron deux livres de profit.

Avril 1763. — Le 12, reçu dix-huit livres de Pierre Menard, à valoir sur l'éfouille : en monnaie actuelle, 119 francs.

Id. — Le 12, reçu trois livres douze sous pour deux petits cochons.

Mai 1763. — Le 12, reçu cinq livres pour deux petits cochons.

Id. — Le 19, reçu six livres de Baudron pour profit de bœufs.

Id. — Le 24, reçu six livres pour deux petits cochons : environ 40 francs de notre monnaie.

Id. — Le 30, pour moitié profit de deux petits bœufs, quarante-cinq livres : soit 298 francs.

Juin 1763. — Le 1er, reçu seize livres quinze sous pour notre vieille vache.

Id. — Le 12, reçu de Baudron cinq livres pour profit de bestiaux.

Id. — Le 27, reçu de Pierre Merienne six livres pour profit d'une génisse.

Id. — Le 29, reçu de Michel Gaumerais trois livres pour profit de bestiaux.

Juillet 1763. — Le 3, reçu quatre livres trois deniers pour moitié profit d'une jument et d'un poulain.

Id. — Le 5, reçu de Baudron onze livres dix sols de profit de bestiaux.

Id. — Le 12, reçu du même six livres pour moitié d'une génisse.

Id. — Le 19, reçu de Jean Merienne cinq livres, pour moitié d'un génisson.

Id. — Le 27, reçu de Pierre Merienne, pour profit de bœufs vendus à *Ernée* : quinze livres.

Id. — Reçu des Landes une vache, estimée douze livres cinq sous.

Octobre 1763. — Reçu de Jean Merienne trente-deux livres deux sous pour profit de bestiaux.

Décembre 1763. — Le 12, reçu trois livres pour une peau de vache.

Id. — Le 9, reçu dix-huit livres de Jean Merienne pour le cochon.

Réunies, ces diverses sommes forment le total de deux cent trente-deux livres quatre sous trois deniers, auquel il faut ajouter l'estimation de trois veaux tués et partagés entre l'hôpital et ses fermiers, soit douze livres, dont la moitié porte notre total à deux cent trente-huit livres quatre sous trois deniers. Abstraction faite des sous et deniers, c'est 1.580 francs de monnaie actuelle.

On se figure aisément les fluctuations que peut subir un pareil produit et nul ne sera étonné des différences qui vont suivre :

L'éfouil, en 1764, procura à l'hôpital cent quatre-vingt-huit livres.

Son montant, en 1765, fut de deux cent vingt-deux livres. Il atteignit, en 1766, cinq cent onze livres; en 1767, quatre cent cinquante livres et, en 1768, cinq cent vingt et une livres.

Certains fermiers apportent la moitié du profit après chaque vente réalisée; d'autres fournissent annuellement pour l'éfouil une somme qui ne varie jamais. C'est le cas de François Boitin : « Octobre 1768. — Le 24, reçu de François Boitin la somme de soixante-quinze livres qu'il doit pour l'éfouil *chaque année* ».

Après vous avoir épargné, Lecteur, les détails de de cinq années d'éfouil, nous tenons cependant à attirer votre attention sur des prix qui ne figurent pas au compte de 1763 et à les faire suivre de leur valeur actuelle. C'est un fagot de chiffres à affronter. Vous en avez déjà bravé tant d'autres, avec une si admirable patience, que nous osons le risquer encore.

1765. — Une génisse, 21 livres; valeur actuelle 139 fr.
1765. — Un poulain, 36 livres; » 239 fr.
1766. — Une jument, 55 livres; » 365 fr.
1767. — Une jument, 80 livres; » 531 fr.
1768. — Une vache, 48 livres; » 318 fr.

Une fois lancé, un fureteur ne s'arrête guère. Sauf votre respect, c'est comme un chien courant sur une piste. Sachez donc qu'il nous prend ardente fantaisie de savoir à combien on pourrait évaluer les bestiaux garnissant une des terres de l'hôpital. S'il vous plaît, dans un recoin de vos comptes, deux petites lignes, madame la comptable? — Les voici :

« Avril 1766. — Le 28, j'ay reçu de Ferrant (fermier de la Coutardière en Saint-Berthevin) *trois cents livres pour la prisée des bestiaux,* plus quarante livres pour du bois mal taillé ».

Doublons ces trois cents livres et nous aurons le chiffre cherché. Il représente, en valeur actuelle, 3.984 francs; en chiffres ronds : 4.000 francs. Or, Ferrant et son successeur Thomas Boitin, payant annuellement 40 francs d'éfouil, il en résulte que, sous l'ancien régime, le capital de trois cents livres rapportait plus de 13 pour cent à l'hôpital de Fougerolles. Encore, pour être exact, faudrait-il ajouter au revenu de quarante livres la redevance annuelle de beurre. Elle est de vingt-neuf livres pour la Coutardière. Au prix de six sous l'une, calculez! et, puisque nous sommes dans le beurre et les redevances, enfonçons-y sans vergogne.

VI

OU SONT ÉNUMÉRÉES LES REDEVANCES DUES A L'HÔPITAL DE FOUGEROLLES

Au début de ce chapitre, nous nous trouvons encore aux prises avec la terrible diversité des poids et mesures. La livre est tantôt de vingt-quatre onces, tantôt de dix-huit, tantôt de seize; comme conséquence, obligation d'adopter l'une des trois et d'y ramener les deux autres si par malheur notre digne et avisée comptable ne s'est pas chargée de nous éviter un tel ennui. Prêtons-lui une oreille attentive:

Mars 1763. — Le 4 mars, reçu vingt-six livres de beurre, *poids de vingt-quatre onces, à six sous la livre*, de Pouriel.

May 1663. — Le 19, reçu vingt-deux livres de beurre, poids de vingt-quatre onces, de Pierre Merienne, de la Crespinière.

Juin 1763. — Le 23, reçu *un coin de beurre* de Michel Gaumerais.

Juillet 1763. — Le 16, reçu vingt-six livres de beurre,

poids de vingt-quatre onces, qui en font *trente-quatre,* poids *de dix-huit,* de Pierre Merienne.

Septembre 1763. — Le 18, reçu de Menard quarante-deux livres de beurre, poids de vingt-quatre onces.

Septembre 1763. — Le 25, reçu du fermier des Landes *vingt* livres de beurre, poids de *seize onces.*

Octobre 1763. — Le 3, reçu trente-deux livres de beurre, poids de vingt-quatre onces, de Jean Merienne.

Novembre 1763. — Le 11, *reçu, de la Coutardière,* vingt-neuf livres de beurre, poids de vingt-quatre onces.

Pour vous indiquer, Lecteur, le poids du coin de beurre, fourni par Michel Gaumerais, ne comptez pas sur votre serviteur. Etant de l'espèce commune des savants *cum libro*, il sera, là-dessus, muet comme le livre des recettes de Fougerolles. Par contre, il se flattera de vous apprendre que vingt livres, poids de seize onces, font un peu plus de treize livres, poids de vingt-quatre, suivant qu'il fut écrit le 30 juillet 1768 : « Reçu, du fermier des Landes, treize livres de beurre, poids de vingt-quatre onces, qui en font dix-neuf et demie, poids de seize, qu'il doit par son bail ».

Il suit, de là, que nous pouvons énumérer, à une exception près, les apports annuels :

En 1763. — 190 livres qui font, à six sous l'une : 57 l.
En 1764. — 164 » » » 49 l.
En 1765. — 220 » » » 66 l.
En 1766. — 175 » » » 52 l.
En 1767. — 219 » » » 65 l.
En 1768. — 204 » » » 61 l.

Si rien ne fond comme le beurre, tous pouvez juger

ce que pouvaient durer deux cents livres apportées annuellement à un établissement où vivaient de trente à quarante personnes. De toute nécessité, il fallait compléter la provision. Pour ce faire, les sœurs avaient plusieurs ressources dont la première était l'exploitation directe du pourpris de l'hôpital. Quel pouvait être l'étendue de ce pourpris? Impossible d'en parler en connaissance de cause. Toutefois, une lecture attentive de notre registre permet de croire qu'il était de taille à nourrir : veau, vache, cochon, couvée et au moins une jument.

1761, juin. — Le 17, Jean Merienne, de la Douardière, nous a donné une jument de quatre-vingt livres dont nous avons la moitié.

1763, juin. — Reçu seize livres quinze sous pour notre vieille vache.

1768, août. — Le 20, reçu cinquante livres pour une vieille vache, vendue à la place de celle que nous avons achetée le 27 juin passé.

1767, août. — Le 1er, reçu cinq livres huit sous pour un petit cochon.

Id. — Le 29, reçu six livres dix sous pour un petit cochon.

1768, décembre. — Reçu, pour un petit cochon, vingt-trois livres.

Les deux premiers porcs vendus étaient cochons de lait, le troisième n'avait point achevé de croître ou se trouvait demi-gras. Bien d'autres figurent au registre; mais, de ceux qui entraient au saloir, on ne souffle mot, tandis qu'on multiplie les mentions de veaux destinés, partie à nourrir le personnel, partie à la vente au détail. Exemples :

L'an 1763, 4 mars. — Reçu douze sous pour du veau.

Id. — Le 11, reçu quatre sous six deniers pour du veau.
Id. — Le 11, reçu douze sous pour du veau.
Id. — Le 25, reçu six sous pour du veau.

En 1768, les 5, 6, 7, 8, 9 et 25 du mois de mars, la comptable enregistre des recettes de même nature, savoir : huit sous six deniers, onze sous, quinze sous six deniers, une livre quatre sous, une livre quatre sous et quatorze sous.

Une fois lancés dans la basse-cour, pourquoi ne pas faire état des bipèdes qui s'y promènent en attendant le pot au feu ou la broche : oies, oisons, canards, poules, poulets, chapons, élevés sur le lieu ou venus des fermes de l'hôpital à titre de redevances? Ces derniers, soigneusement enregistrés par la comptable, atteignent pour six années le chiffre de 383, savoir : 171 poulets, 180 chapons, 10 canards et 22 oies. Les moyens d'évaluer toute cette gent emplumée? Nous en connaissons deux que nous tenons à votre disposition. Tout d'abord, cette ligne de notre registre : « 1767, 4 mars. — Reçu quatorze sous pour un chapon, de Boitin ». En second lieu, un manuscrit ainsi intitulé :

Apprecy de dix années : une commune à suivre pour 1784

Le couple de chapons. 1ˡ 8ˢ 2ᵈ 2/5
Le couple de poulets . . . . » 14ˢ 9ᵈ 1/5

Négligeant deniers et fractions de deniers, nous dirons :

180 chapons, à quatorze sous l'un, font cent vingt-six livres.

171 poulets, à sept sous l'un, donnent cinquante-neuf livres.

Restent les oies et les canards. Mettons les premières à une livre, soit, pour 22 oies : vingt-deux livres ; les seconds, à quinze sous, les dix feront sept livres dix sous. En tout : deux cent quatorze livres dix sous.

A ce compte, vous croyez sans doute sortir des redevances. Non, non, vous en avez encore trois à subir, dont deux sont loin d'être banales :

1763, juin. — Le 17, Jean Merienne a fait une journée de harnois.

Id. — Le 22, Pierre Merienne a fait une journée de harnois.

Elles servaient, ces journées, à labourer le pourpris de l'hôpital, à y conduire le bois de chauffage, le bois, la pierre, le sable nécessaires aux réparations ; à aller quérir les provisions que la ville seule peut fournir. Elles étaient reversibles d'une année sur l'autre. On s'en aperçoit aux chiffres de la comptable. En 1765, nous la voyons noter seize de ces prestations ; en 1766, dix seulement. Celles-ci sont disséminées en mai, octobre et novembre. Les premières, au contraire, s'exécutent durant les quatre beaux mois de l'année : six journées en avril, deux journées en mai, cinq en juin et deux en juillet, ce qui permet de croire qu'il s'agissait de profiter d'un temps propice pour mener une construction à bien.

Après tout, de tels services, fort communs en tous temps, ne sont point oubliés dans nos baux modernes. Cherchons plus rare :

Février 1763. — Le 9, reçu *trois livres* pour la *poignée de morue.*

Id. — Le 16, reçu de François Boitin une poignée de morue.

Id. — Le 24, reçu de Pierre Menard une poignée de morue.

Id. — Le 24, reçu une poignée de morue de Ferrant.

Qui donc eut jamais pensé voir la morue dans cette affaire? Reconnaissons toutefois qu'elle arrive vraiment comme marée en Carême. Mais enfin, qu'est-ce qu'une poignée de morue? On appelle ainsi, dit Littré, deux morues sèches liées ensemble. Nous savons que cela valait trois livres. A nous d'assembler toutes ces poignées et de les multiplier par 3, après avoir remarqué, au préalable, que la redevance s'effectue toujours en février et en mars.

Pour 1763, une seule poignée de morue parait au registre; encore s'y trouve-t-elle représentée par la somme de trois livres.

En 1764, Menard apporte deux poignées : l'une pour 1763, l'autre pour l'année courante; Charles Baudron acquitte également sa redevance en nature, tandis que Ferrant et Merienne versent chacun trois livres.

L'année suivante, Merienne, Boitin, Baudron, Menard et Ferrand s'acquittent en nature.

En 1766, Baudron apporte, au jour dit, sa redevance. Des autres, point de nouvelles. En 1767, Menard et le successeur de Baudron à la Gaucherie, Michel Chesnel, s'acquittent en nature. Boitin, Pouriel et Merienne versent chacun trois livres. Pour 1768, Chesnel, Merienne et Le Breton d'Erbonne, sont les seuls à s'expédier. Tous ces versements forment le total de vingt poignées, à trois livres l'une : soixante livres.

Outre ces morues, deux fermiers de l'hôpital doivent un certain nombre de livres de sucre. Au

Bas-Maine, pareille redevance ne peut causer aucune surprise. Il nous souvient, en effet, d'avoir lu, il y a quelques vingt ans, dans des baux du XIXe siècle, l'obligation faite au preneur d'avoir à fournir au bailleur un ou plusieurs pains de sucre. D'ailleurs, si le sucre est à sa place, c'est bien dans un hospice.

Le 16 juin 1763, reçu de Jean Merienne six livres à valoir sur le sucre qu'il doit des années précédentes, à dix-huit sous la livre. Ce sera pour sept livres de castonade, en nous redonnant six sous.

May 1764. — Le 3, reçu de Pierre Menard cinq livres quatre sous pour de la castonade.

Juillet 1764. — Le 22, reçu de Jean Merienne six livres pour dix livres de castonade.

Décembre 1766. — Reçu quatre livres dix-neuf sous de J. Merienne pour neuf livres de castonade.

Mars 1767. — Reçu de Menard quarante-huit sous pour quatre livres de castonade.

Février 1768. — Reçu quatre livres de castonade de J. Le Breton, d'Erbonne.

Août 1768. — Le 20, reçu de J. Merienne dix livres seize sous pour les dix livres de sucre ou castonade qu'il devait.

Ce n'est pas assurément ces cinquante-deux livres de sucre qui suffiront, durant six années, à la confection des sirops et autres douceurs offerts aux malades de l'hôpital de Fougerolles.

Avec leurs divers chapitres, leurs multiples colonnes, la pratique du système décimal, les comptes administratifs actuels, comparés à ceux de notre hôpital, ont, au point de vue de la clarté, du groupement des chiffres, de la sécheresse, une supériorité incontestable. Mais n'allez pas jusqu'à leur demander de vous livrer la pensée de l'administrateur. Et pourtant, ne serait-il pas très intéressant de savoir si l'on peut manier des chiffres et des écus à longueur d'année sans avoir l'esprit faussé et le cœur racorni; si l'on peut se montrer bienveillant, sans risquer d'être dupe; si, pour tenir compte des conditions de la vie humaine, on doit être taxé de négligence, de naïveté ou, qui plus est, d'injustice?

A défaut d'autres mérites, notre registre a, du moins, celui de répondre à ces questions. L'intention bien arrêtée de ne pas compromettre le revenu de l'hospice par manque de clairvoyance, la comptable l'affirme en écrivant :

Avril 1763. — Le 20, reçu quatre poulets de Pierre Merienne. *Il en a donné six qui sont comme des merles, pourquoi on les met à quatre.*

Août 1767. — Le 9, reçu de Menard *trois poulets. Il en a donné six petits qui meurent.*

Septembre 1768. — Le 29, reçu de Pierre Ferrant soixante-quatre demeaux de carabin *pleins de ruses.*

Le ruse est cette mauvaise herbe dont la fleur jaune d'or se mêle, en juillet, à la fleur blanche du blé noir.

Octobre 1768. — Nous tenons compte à Ferrant de la somme de deux livres sept sous qu'il m'a dit avoir payée à l'ouvrier qui a raccommodé le pressoir. *Nous sommes convenus que cette somme ira pour la diminution du carabin mal vanné qu'il donna le 29 septembre 1766.*

Donc, chercher à en couler ne servirait de rien. Il faut, d'une part, y aller loyalement, exposer franchement son embarras et soyez sûr que, d'autre part, on attendra patiemment les redevances, les sommes dues pour efouil; on prêtera du grain pour semer, on avancera même de l'argent, le cas échéant.

1763, novembre. — Le 6, reçu de Charles Baudron six livres à valoir sur huit livres qu'il doit sur du grain qu'il a pris depuis le 8 février 1762 jusqu'au 28 septembre, même année. Il ne doit plus sur cette somme que celle de deux livres.

Octobre 1764. — Le 1er, reçu du fermier des Landes dix-neuf boisseaux de carabin, mesure du Tilleul. Il *rend, dans ce nombre,* quatre *boisseaux que nous lui avions prêtés.*

Id. — Le 15, reçu de Baudron trente et un boisseaux de carabin pour notre moitié, *plus il a rendu trois* boisseaux qu'on lui avait prêtés pour le moulin et quatre boisseaux qu'on lui avait prêtés pour la semence.

1766, août. — Le 21, reçu quatorze boisseaux et demi de bled de Michel Gaumerais pour notre moitié, plus reçu du dit Gaumerais *quatre boisseaux de bled qu'on* lui avait prêtés. Le tout, mesure du Tilleul.

Juin 1766. — Le 13, reçu quatre livres deux sous de la veuve Menard que j'avais avancées pour elle pour la délivrance de la montrée.

Février 1767. — Le 15, recompté de nouveau avec Jean Merienne. Le dit fermier nous *devait vingt-sept livres pour l'arrêté de compte de 1765,* dont il est quitte aujourd'hui.

A raconter ces genres de services, on remplirait des pages, varions quelque peu. Le fermier Merienne, qui vient de régler sa dette, habite Saint-Berthevin. Il a, paraît-il, manifesté le désir légitime de procurer à sa fille le bienfait d'une instruction chrétienne. Les sœurs de Fougerolles la reçoivent aussitôt comme pensionnaire et notent ainsi son arrivée : « La petite à Jean Merienne est entrée le 22 juillet 1744 ». Voyons à quelles conditions :

Avril 1765. — Le 9, reçu de Jean Merienne dix-huit livres treize sous six deniers pour sa fille.

21 juin 1765. — Reçu de Jean Merienne dix-huit livres de beurre pour sa petite.

Ces dix-huit livres de beurre, à six sous l'une, font la somme de cinq livres huit sous. Ajoutée à celle de dix-huit livres treize sous six deniers, elle offre, comme prix d'une année de pension, vingt-quatre livres un sou six deniers, qui vaudraient aujourd'hui 159 francs environ, soit : 44 centimes par jour. Il est donc évident qu'en 1763, la directrice de l'hôpital de Fougerolles avait conscience de ses responsabilités; qu'elle avait aussi le sens des choses agricoles. Nous avons la prétention de montrer qu'elle connaissait et appréciait les ressources industrielles.

VII

OU IL EST PARLÉ DE L'INDUSTRIE TEXTILE AU PAYS DE FOUGEROLLES SOUS L'ANCIEN RÉGIME ET A L'ÉPOQUE MODERNE.

1763, février. — Reçu neuf livres dix sous pour la façon de deux toiles.

Id., mars. — Le 13, reçu trois livres de Gendron, de Meré, à valoir sur sa toile.

Id., mars. — Le 25, reçu de Gendron, de Meré, quatre livres dix sous pour le reste de sa toile.

Id., avril. — Reçu cinq livres dix sous de Jean Merienne, pour la façon d'une toile.

Et, de mois en mois, les inscriptions se succèdent ainsi, prouvant qu'à l'hôpital de Fougerolles, il est un atelier de tissage et que les métiers n'y chôment pas. Qui les met en mouvement? Sont-ce des serviteurs ou de vieux tisserands hospitalisés? Malgré de consciencieuses recherches, nous ne pouvons articuler aucune réponse satisfaisante. Essayons donc de dire clairement ce dont nous sommes sûr.

A l'atelier de Fougerolles, pour divers clients parfois nommés, souvent anonymes, on façonne des apports de chanvre filé. Durant six années, la comptable note cent vingt-six de ces apports. La plupart du temps, l'aûnage des toiles fabriquées n'est pas indiqué. On se contente d'inscrire le prix de la façon, lequel varie suivant qu'il s'agit de toile grosse ou de toile fine. Fort heureusement, ce laconisme fait place ici et là à des annotations plus explicites :

1763, août. — Le 31, reçu une livre quatre sous neuf deniers pour la façon de douze *aunes de grosse toile.*

1764, août. — Reçu cinq livres huit sous pour quarante-six aunes de grosse toile.

1765, août. — Le 4, reçu quatre sous pour deux aunes de grosse toile.

1766, septembre. — Le 21, reçu deux livres onze sous pour vingt-trois aunes de grosse toile.

1764, août. — Le 20, reçu cinquante-huit sous six deniers pour façon de dix-huit aunes de toile de reparon.

1765, janvier. — Le 26. reçu six livres dix sols pour la façon de dix aunes de toile.

Lecture faite de ces extraits, il paraît acquis que la façon d'une aune de grosse toile se paie deux sous, deux sous trois, deux sous quatre deniers; que l'aune de reparon vaut trois sous trois deniers, que l'aune de toile fine se façonne au prix de treize sous l'aune.

Si, tout en omettant certains aunages, la comptable avait du moins précisé la qualité des toiles fabriquées, il nous serait facile de réparer ses omissions. Il suffirait de grouper séparément les prix de façon pour toiles grosses, toiles de reparon, toiles fines; de diviser les premières par deux sous trois deniers, les secondes par trois sous trois deniers, les troisièmes par treize sous. Dans l'impossibilité d'opérer ainsi, contentons-nous d'additionner les aunages exprimés et leurs prix. Nous placerons au-dessous le nombre des toiles fabriquées sans indication de mesures, et le total, représentant leur prix de façon.

	Aunages exprimés	Prix de façon		
1763. —	104 aunes	11ˡ	17ˢ	3ᵈ
1764. —	360 aunes et demie	49	15	9
1765. —	97 »	25	05	»
1766. —	242 »	31	10	»
1767. —	139 »	18	19	»
1768. —	192 »	22	05	»
	1,134	159	12	»

Pièces de toiles sans indication de mesures

1763. —	12 pièces façonnées au prix de.	44ˡ	1ˢ	3ᵈ
1764. —	12 » » »	41	10	9
1765. —	13 » » »	53	15	»
1766. —	14 » » »	45	15	9
1767. —	17 » » »	85	15	»
1768. —	18 » » »	78	11	8
	86 pièces de toiles	349ˡ	9ˢ	5ᵈ

Sur le vu de ces deux tableaux comparatifs, pourquoi ne pas poser ce problème? Pour 159 livres, on a façonné 1.134 aunes de toiles, combien en façonnerait-on pour 349 livres? Réponse : 2.489 aunes, lesquelles réunies aux 1.134 notées par la comptable, font 3.623 aunes fabriquées pour une somme de 508 livres, représentant, de nos jours : 3.373 francs.

Remarquez, Lecteur, que les métiers de l'hôpital de Fougerolles ne fonctionnent pas seulement pour les naturels du pays. De Saint-Mars-sur-la-Futaie, de La Dorée, de Saint-Berthevin, on vient apporter aux sœurs du chanvre filé, avec prière de le convertir en bonnes et belles toiles. De plus, rien ne vous empêche de croire qu'avant de marcher pour autrui, ces mêmes métiers n'aient aidé à tenir complètes, dans les armoires de l'établissement, des piles de beau linge parfumé de lavande. Qui sait même si, entre la façon de deux toiles, on ne tissait pas, sur les métiers de l'hôpital, quelques-unes de ces étoffes de laine offrant aux laboureurs de chauds vêtements pour l'hiver? « 9 décembre 1766. — Reçu trois livres cinq sous pour cinq aunes *d'étoffe* à Jean Merienne ».

Rappelez-vous que ce Jean Merienne est fermier de la Douardière ; notez de plus qu'il élève des moutons dont la toison est partagée entre lui et les sœurs.

Mars 1764. — Le 31, reçu de Jean Merienne douze livres pour notre moitié des moutons.

Août 1765. — Le 11, reçu de Jean Merienne quatre livres et demie de laine.

Juillet 1766. — Le 24, reçu de Jean Merienne cinq livres de laine, poids de seize onces.

Août 1768. — Le 30, reçu de Jean Merienne cinq livres et demie de laine, poids de seize onces, pour la tonture des brebis de 1767 et de 1768.

En homme avisé, Merienne fait carder et filer sa part

de laine. Nous savons comment et à quel prix elle devient étoffe sur les métiers de l'hôpital. D'autres, à son exemple, portent aux sœurs les toisons de leurs moutons pour qu'elles leur reviennent transformées en paires de bas.

Mars 1764. — Le 11, reçu quinze sous pour la façon d'une paire de bas.

Juillet 1764. — Reçu de Michel Galesne dix-huit sous pour ses bas.

Ce sont-là de gros bas, en voici de fins qui se paient plus du double :

Octobre 1764. — Le 23, reçu de Mlle Hossard quarante sous pour façon d'une paire de bas.

De nos jours, l'hôpital n'a plus son atelier de tissage(1). L'industrie, toutefois, n'a pas délaissé Fougerolles, elle s'est déplacée et a pris le chemin du château. Grâce à l'heureuse initiative de M. Laumondais, les moulins de Goué ont été transformés en usine où se file la laine. Passée aux mains de M. Taillandier, maire de Montaudin et conseiller général, cette filature a vu croître, avec le nombre de ses broches, le nombre de ses ouvriers. Et, puisque nous sommes dans l'industrie, n'en sortons pas avant d'avoir constaté qu'au pays de Fougerolles, les fouteaux deviennent, comme au vieux temps, de légers sabots, qui s'en vont au Nord, au Midi, à l'Orient, à l'Occident, trouvant, pour aider à leur exportation, quatre superbes grands chemins et une voie ferrée.

(1) Sur l'industrie textile en pays manceau, suivre, dans la *Revue historique du Maine*, l'intéressante étude sur la fabrique de toile de Fresnays-sur-Sarthe, par M. Triger, président de la Société historique du Maine.

VIII

A QUOI SERVAIENT LES PRODUITS AGRICOLES ET INDUSTRIELS RECUEILLIS A L'HÔPITAL DE FOUGEROLLES

Seul, le livre des dépenses aurait pu nous éclairer complètement à cet égard. Mais, qui sait si notre registre des recettes ne contient pas, lui aussi, de curieuses indications. Cherchons et gardons-nous de rien négliger.

1763. — Le 7 janvier, reçu trois sous pour des remèdes.

Id. — Le 21, reçu sept sous pour des remèdes.

Id. — Le 22, reçu vingt-sept sous pour des remèdes.

D'où il suit qu'une pharmacie existe à l'hôpital de Fougerolles, qu'elle s'ouvre non seulement aux malades soignés dans l'établissement, mais encore à ceux du dehors qui peuvent en user, moyennant finances. Evidemment, cette vente ne peut être faite à perte et il en résulte quelques bénéfices pour l'établissement. Vous jugerez, tout à l'heure, s'ils sont exagérés. Enregistrez dès maintenant le total de la vente au dehors. Elle produit, la première année, douze livres dix-huit sous, environ 79 francs. En 1764, on ne trouve que sept livres treize sous six deniers, et voici pourquoi :

Juillet. — Le 18, reçu dix livres de Mme La Haie pour un mois douze jours de la pension de son fils, *y compris les remèdes.*

1763, 24 juillet. — Reçu six livres pour des *remèdes, onguent* et nourriture.

Id., le 28, reçu de M. de la Pelouinière, pour remèdes et nourriture donnés à Mme son épouse, douze livres.

Août 1764. — Reçu de la veuve Merienne vingt-huit sous pour *des remèdes* donnés à sa fille, et la nourriture pendant huit jours.

Id., le 3, reçu dix livres de Potinais pour sa petite nièce, pour nourriture et remèdes.

Allez donc distraire de ces trente-neuf livres huit sous, la quantité afférente aux remèdes ! Vous n'êtes pas assez sorcier pour cela et nous n'avons pas la prétention d'être plus malin que vous. Nous pouvons du moins affirmer, d'un commun accord, qu'en plus des malades soignés gratuitement, l'hôpital de Fougerolles reçoit des pensionnaires, heureux d'y trouver, à toute heure du jour et de la nuit, les soins les plus dévoués.

En 1765, la vente des remèdes monte à vingt-deux livres douze sous trois deniers, ou 146 francs ; soit, avec 1763, un écart de 67 francs. Essayons de l'expliquer :

1765, 14 juillet. — Reçu cinq livres dix-neuf sous de Mme de Saint-Poix pour des drogues.

Id., 10 août. — Reçu trois livres deux sous de M. Hodebert pour des remèdes.

Id., Le 7 août, reçu, pour des remèdes à la femme à Laurent, deux livres trois sous.

Ces trois articles font déjà, à eux seuls, onze livres quatre sous ou 73 francs. L'excédent de 1765 sur 1763 ne peut donc surprendre. Il est le fait de Mme la marquise de Saint-Poix, de M. Hodebert et de la femme à Laurent.

A tout seigneur, tout honneur ! Parlons du marquis

de Saint-Poix et de la marquise, née Anne-Bonne-Eugénie de Beaugy. Cette dame est la fille du terrible adversaire des sœurs de Fougerolles, mais il n'y paraît rien. Toutes querelles sont oubliées. On s'estime et on se rend mutuellement service. La marquise a le bon esprit de résider sur ses terres et d'y dépenser le plus clair de ses revenus. Notre registre en fait foi. Comme elle a grand soin de ses gens, nous la voyons prendre à l'hôpital les remèdes utiles. De leur côté les sœurs, tout en sauvegardant les intérêts de l'établissement, mettent à sa disposition leur bonne volonté et leurs ressources; témoin cette annotation : « Le 2 novembre 1764, reçu quatorze livres de Mme la marquise de Saint-Poix pour les journées que nous avons fait faire pour raccommoder le chemin et tirer de la pierre ».

Et de M. le marquis, saurons nous quelque chose? Serait-il, comme certains maris, relégué au second plan? Non, M. le marquis éprouva

Qu'il était de ce monde où les plus nobles choses
Ont le pire destin

L'an 1757 l'avait vu conduire au tombeau de ses pères. De Saint-Poix n'était pour lui qu'un surnom. Il s'appelait d'Auray. Sur sa famille, d'origine bretonne, nous voulons être obstinément prolixe.

A Carnac, paroisse de la Bretagne bretonnante, l'an 1427, messire Lancelot d'Auray possédait le manoir et hébergement de Beaumer. L'habitation s'élevait au Sud-Est du bourg et le domaine finissait par un coin de terre, enfoncé dans l'Océan et encore désigné, sur les cartes, par le nom de *pointe Beaumer*.

Carnac, Plouharnel, Quiberon, beaux pays pour courre le cerf! Nos ducs y possédaient des bois giboyeux et, plus que partout ailleurs, tout gentilhomme avait chance d'y naître avec la bosse de la chasse. Ce fut le sort de certain Jehan d'Auray, qui se trouva très naturellement pourvu de la charge de grand veneur de Bretagne. Son fils, on ne sait ni pourquoi ni comment, s'attacha au roi Louis XI, devint son chambellan et l'heureux époux de Jeanne de Mellent, baronne de Saint-Poix. Saint-Poix est un joli bourg, situé sur la route qui monte d'Avranches à Vire. Sa baronnie, par volonté royale, se changea en marquisat et, depuis lors, jusqu'à nos jours, il y eut des d'Auray, marquis de Saint-Poix. N'en parlons plus et revenons aux produits pharmaceutiques livrés aux habitants de Fougerolles, La Dorée, Désertines, Savigny, Mantilly, Buais, Lepinay et autres lieux.

En 1766, les sœurs en distribuèrent pour vingt livres six sous. L'année suivante, la vente s'éleva à vingt-sept livres onze sous trois deniers. En 1768, elle descendit à dix-sept livres cinq sous neuf deniers.

Remèdes, drogues, produits pharmaceutiques, ce sont là des termes bien généraux. On devait lire autre chose sur les bocaux de la pharmacie de Fougerolles. Assurément, Lecteur, et grâce à notre comptable, nous pouvons vous offrir une collection respectable d'émollients, d'opiacés, de caustiques, d'antiseptiques, de vomitifs, de purgatifs, de fébrifuges... Aurez-vous au moins la patience d'en subir jusqu'au bout la nomenclature? Nous verrons bien. « 1763, février, le 13. — Reçu sept sous six deniers pour de l'orvialan *(sic)* ».

L'orvietan n'est plus de mode; mais comme il servit à créer une expression toujours en cours, sans être charlatan, nous ferons une pause en son honneur.

C'était, dit Littré, un électuaire très composé. Apporté en France en 1647, par un opérateur d'Orvieto et vendu en place publique, il retint le nom de son vendeur, Orvietano. Soit à cause de son bon marché, soit à cause de son efficacité, on en faisait grand usage au pays de Fougerolles. Poursuivons : « 1764. — Le 16, reçu un sou pour du blanc de baleine ».

Vous croyez, sans doute, que la baleine entre pour quelque chose dans ce produit ? détrompez-vous. Au dire de gens compétents, ce blanc est une matière grasse, concrète, extraite du tissu cellulaire interposé entre les membranes du cerveau de certaines espèces de cachalots et non de la baleine, qui ne fournit pas cette substance.

Après cela, fiez-vous donc aux étiquettes !

Janvier 1764. — Le 30, reçu dix-neuf sous neuf deniers *pour une once* de quinquina.

Id., février. — Reçu un sou six deniers pour de l'eau-forte.

Id., septembre. — Le 16, reçu dix sous pour de l'eau à laver des plaies.

Id., décembre. — Le 9, reçu deux sous six deniers pour du teriaque.

Lisez, s'il vous plaît, thériaque et, par là, entendez un électuaire ainsi appelé parce qu'on le regardait comme un spécifique contre toute espèce de venins et de serpents. Faites-en remonter l'origine jusqu'à Andromaque, médecin de l'empereur Néron, et laissez notre Sévigné vous en décrire les merveilleux effets : « La princesse (Mme de Tarente) vient jouir de mon soleil ; elle a donné d'une thériaque céleste au bon abbé (de Coulanges), qui l'a tiré d'un mal de tête et d'une faiblesse qui me faisait grand peur[1] ».

De la thériaque passons à la térébenthine. Les sœurs en débitent pour un sou le 20 août 1764. En guise de compensation et faisant étalage d'une facile érudition, nous pourrions vous dire qu'il y a térébenthine et térébenthine : celle de Chio qui se tire du térébinthe; celle de Venise, extraite du mélèze et appelée gomme d'Orembourg; les térébenthines communes de Strasbourg et de Bordeaux; celles de La Mecque et de Judée, sans parler des térébenthines cuites et des térébenthines liquides, dites de soleil. Mieux vaut vous laisser consulter les dictionnaires et donner en plein dans le julep, potion calmante, épatique et somnifère à l'usage de tous les lecteurs de livres, assommants comme le nôtre. Pour douze sous, vous en aurez quatre gros à l'hôpital de Fougerolles et si, au réveil, vous voulez voir tout rose, vous demanderez l'eau rose, la couperose, l'onguent rosard.

Le 15 août 1765, reçu un sou six deniers pour de l'eau rose.

Le 15 novembre 1765, reçu un sou six deniers pour de la couperose.

Le 27 février 1768, reçu deux livres pour de l'onguent rosard.

Pour coûter si cher, cet onguent devait être quelque chose de bien raffiné; mais, cette fois, il faut changer de couleur et tomber dans le vomitif. Allons-y d'un cœur inébranlable :

Le 30 novembre 1765, reçu trois sous pour de l'émétique.

Id. — Reçu un sou pour demy-gros de poudre à vers.

Décembre 1765, reçu sept sous pour une once de manne.

(1 Lettre datée des Rochers, 25 février 1685.

Là-dessus, goûtons de ces confitures que les sœurs de Fougerolles réussissent aussi bien que les Visitandines. C'est l'heure ou jamais!

Le 12 décembre 1767, reçu dix-huit sous pour des confitures.

Ainsi réconfortés, continuons notre inventaire.

Le 26 septembre 1767, reçu un sou pour du sel mitre.

Le 1er octobre, reçu un sou pour du cristal minéral.

Le 30, reçu dix sous pour de la crême de tartre.

Finalement, fendons-nous de sept sous et achetons de l'eau pour les yeux, afin de cueillir encore dans notre registre bon nombre de choses dignes de remarques, par exemple : le prix du vin généreux qui fortifie et réjouit le cœur de l'homme; le prix de l'huile, qui adoucit et purifie les blessures.

Novembre 1766. — Reçu cinq sous pour une chopine de vin.

Juin 1767. — Le 17, nous avons vendu une chopine d'huile d'olive dix-sept sous six deniers.

Purgare repurgare; seignare reseignare; c'étaient, aux vieux temps, les grands moyens thérapeutiques. Cet effronté de Molière l'a prétendu et le registre de Fougerolles n'est pas pour le contredire. On vient à l'hôpital acheter l'émétique et la manne; on y vient bravement se faire saigner. Cela ne coûte pas cher. Pour deux sous on en est quitte.

De nos jours la lancette, le bistouri, n'ont pas perdu leur prestige et les opérateurs sont fort occupés. Ils saignent peut-être un peu moins, mais ils charcutent avec rage. Plusieurs d'entre-eux ont même dépensé beaucoup d'esprit pour arriver à se croire uniquement de l'espèce des bêtes et à agir sur leurs clients *sicut in animà vili.* D'autres, il est vrai, se souviennent que la philosophie, voire même la païenne, a défini l'homme *animal rationale, qu'il est un tout essentiellement composé de deux parties : une âme maîtresse, un corps serviteur et qu'en vertu de leur union intime, il y a non seulement action de l'âme sur le corps, mais encore réaction du corps sur l'âme;* (1) et ils agissent en conséquence.

Tout franc, nous avons un faible pour ces derniers et nous nous figurons qu'à l'hôpital de Fougerolles, les praticiens qui venaient ajouter au dévouement des sœurs l'autorité du savoir et d'une longue expérience, pensaient de la sorte. Notre registre mentionne l'un de ces honorables : « Le 5 mai 1768, Mlle Jourdin des Touches est entrée. Elle paie quatre-vingt livres pour un an, à cause des services *pour la chirurgie* que M. son père (2) rendra gratis aux malades de cet hôpital; pourquoi nous ne prenons que quatre-vingts livres de pension. *Elle n'a pas encore huit ans* ».

Avec l'honneur de connaitre M. des Touches, cet extrait nous permet de constater, à l'hôpital, l'existence d'un service médical. Il nous autorise, de plus, à affirmer que Marie-Elisabeth Dubourg avait tenu toutes ses promesses en faisant à la fois, de ses filles spirituelles, des servantes des pauvres et des éducatrices.

(1) Aux amateurs de bon sens et de bon style, nous recommandons un délicieux opuscule du vitréen Armand DE PONLEVOY. Il est intitulé : *L'âme et le corps*, et se trouve à la page 148 du tome II de la *Vie et des Œuvres* de son auteur, publiées par le P. Alexandre DE GABRIAC. A ceux qui auraient l'horreur préconçue du Jésuite, nous indiquons la VIE FUTURE, par *M. H. Martin, doyen de la Faculté des Lettres de Rennes.*

(2) Doit être ce Charles Jourdin, chirurgien à Fougerolles, qui achète, en 1794, la ferme du Rocher en Saint-Berthevin-La Tannière, donnée naguère en dot à Marie-Anne Rousseau de Montfrand, dame de Farcy.

IX

OU IL EST FAIT MENTION DE L'ÉCOLE ET DU PENSIONNAT ANNEXÉS A L'HÔPITAL DE FOUGEROLLES

Etait-elle gratuite cette école pour les enfants de familles ne vivant que du prix de leur travail? (1) Assurément oui; pour les enfants de familles aisées? non. Etait-elle obligatoire moralement? oui; légalement? non. Qui donc, durant l'hiver, dans l'état des affreux chemins, eut pu contraindre les enfants de fermes ou de manoirs éloignés à faire des lieues, au risque de tomber dans quelque fondrière et d'y rester? De là, nécessité d'un pensionnat, à des prix correspondants aux diverses situations pécunaires et aux genres d'enseignement réclamés par les parents.

Mais, trêve d'affirmations; consultons le document. Sur le pensionnat, il est très explicite.

En 1763, sept familles confient leurs enfants aux sœurs de l'hòpital. Les versements, indiqués aux comptes, sont conçus en des termes qui ne précisent pas toujours les divers prix de pension annuelle, mais permettent parfois de les évaluer. « 1763, juin. — Reçu de M. Fréard quarante-cinq livres pour trois mois de pension de Mlles ses filles ».

Rapprochant cet article du suivant : « 1° Le 15 septembre 1764, reçu vingt-deux livres dix sous de M. de la Ruaudière, pour un quartier de Mlle sa fille ». Nous

(1) Les Sœurs font tous les jours les petites écoles à *toutes les filles pauvres et riches* qui veulent y venir, dit-on en 1789, et pour encourager les *pauvres filles* à venir à l'instruction, la maison leur donne, sans obligation, *la soupe chaque jour une fois depuis Noël jusqu'au mois d'août*. (ANGOT, *Dictionnaire historique de la Mayenne*).

arrivons à conclure que M. Fréard avait deux filles au pensionnat de Fougerolles, payant chacune vingt-deux livres dix sous par trimestre comme Mlle de la Ruaudière; 2° que la pension annuelle s'élevait, pour chacune de ces trois jeunes filles, à la somme de quatre-vingt-dix livres.

Ce même chiffre ressort implicitement d'une quantité d'autres inscriptions, dont il est inutile de vous fatiguer; il apparaît très nettement dans celle-ci : « Le 3 novembre, Mlle Voisin est entrée, à quatre-vingt-dix livres ». Cette pensionnaire est nommée ailleurs Mlle de la Thomassière. Fille de Jean Voisin et de Françoise Nourry, elle devait être la sœur de Jean Voisin, sieur de la Thomassière, avocat et notaire sous l'ancien régime, et depuis maire de Fougerolles. Croyez-nous, Lecteur, ne lâchons pas de sitôt les vieilles familles du Fougerollais; elles nous permettront d'intéressantes excursions dans le passé, sans nous faire perdre pied dans le présent. Après tout, il est bien permis, une fois le temps, de faire l'école buissonnière. « 1764. — Le 14 juillet, reçu cinquante-sept livres de M. des Loges pour sa petite-fille Dodard ».

Les Dodard, un vieux nom toujours représenté au pays, que nous allons parcourant, avec un intérêt de plus en plus vif. Dès 1460, un Dodard se trouve cité comme notaire. Né à Fougerolles, certain Michel Dodard supporta sans faiblir le poids de plusieurs bénéfices. On dit qu'il fut prieur de L'Ile-Bouchard, en Touraine; de Saint-Jean-du-Bois, au Maine; curé de Mayenne et, brochant sur le tout, chanoine de Saint-Merry. Attirés par ses affectueuses instances et dans l'espoir de grandir à son ombre, en savoir et réputation, plusieurs de sa parenté quittèrent le

Maine pour Paris, entre autres Michel et Jean Dodard. Le premier, né de Jean, notaire royal, et de Marie Hodebert, devint chanoine de Saint-Merry après son oncle; le second, marié à Marie Dubois, eut pour fils un célèbre membre de l'Académie de Médecine, auteur de traités et de mémoires très estimés au point de vue scientifique et médical. Capable d'écrire une histoire de la musique et de composer des épitaphes en l'honneur des solitaires de Port-Royal, Daniel Dodard devint médecin de la duchesse de Longueville puis de la princesse de Conti. Il sut acquérir l'estime de Guy Patin et l'amitié de Fontenelle; donner aux pauvres, avec ses soins empressés, les écus de sa bourse; mériter enfin ce bel éloge : « D'une piété profonde, Dodard accompagnait de toutes les hauteurs de la raison les respectables obscurités de la Foi ».

Et ne supposez pas, Lecteurs, que cette émigration de Manceaux vers Paris, cette course vers de plus hautes destinées soient choses rares. Combien quittent ainsi leurs villages ou leurs manoirs! Les de Goué, les du Pontavice (1), s'honorent de compter parmi les étudiants du quartier latin, et c'est d'une petite demeure de la paroisse de Saint-Ellier, le Boulay, que sort toute une tribu de savants, parlant grec et latin. Soit à titre de procureurs de la nation de France, soit à titre de recteurs ou d'historiens, Louis, Michel, Pierre et César Egasse du Boulay brillent au premier rang des supports dévoués de l'Université de Paris. Nous inclinant devant cette grande institution, revenons à notre modeste école. En la fondant, Marie-Elisabeth Dubourg s'était engagée à l'ouvrir non seulement aux

(1) Charles et Gilles du Pontavice sont étudiants en l'Université de Paris à la fin du XVIe siècle.

enfants de Fougerolles, mais encore à ceux des paroisses avoisinantes. Jugez si elle sut tenir parole : « Le 30 janvier 1765, reçu de M. de la Maisonneuve trente et une livres pour Mlle sa fille ».

La Maisonneuve est en Levaré. Elle appartient aux Testard. Ajoutons qu'une fille du sieur de la Maisonneuve ne tardera pas à entrer comme sœur à l'hôpital de Fougerolles et, de cette assertion, donnons immédiatement la preuve : « 4 juillet 1768. — Reçu de Mme Testard de la Maisonneuve huit cents livres pour la dot de Mlle sa fille ».

Ces huit cents livres représentent 5.312 francs. « 28 juin 1767. — Reçu cinquante livres de Mme Puisard pour six mois de pension de Mlle sa fille ».

Puisard est en Larchamps. C'est à cette époque le surnom des Michel, qui s'intitulent sieurs de la Grandinière, de la Pichonnière et de Puisard. « Mars 1769. — Reçu de Mme du Neufbourg douze livres quatorze sous, pour reste de pension de Mlle sa fille ».

Cette du Neufbourg est de son nom Le Bigot. Ses parents habitent, comme les Michel, un manoir situé en la paroisse de Larchamps.

A côté de ces jeunes filles, pour représenter le Bas-Maine au pensionnat de Fougerolles, vous trouvez Mlle Le Métayer de la Champorinais, venue de Saint-Mars-sur-la-Futaie ; Mlle de Montreuil, amenée de Melleray ; et, pour représenter le Passais normand, Mlles Dupont de Loraille, Le Vavasseur, du Fougeray, etc. On en citerait ainsi à la douzaine ; mais il convient de ne pas abuser de votre patience et s'il vous plaisait de compulser une liste complète de ces pensionnaires nous nous ferons un devoir de vous la servir à la fin de cet opuscule. Présentement, nous vous prions de noter que le prix de pension est très varié, qu'il se paye le plus souvent en numéraire; quelquefois en denrées de valeur équivalente : beurre ou grain. Cent dix livres nous paraît être le maximum réclamé annuellement. 730 francs le représenteraient de nos jours.

Nous vous avons dit, précédemment, le nombre des pensionnaires en 1763. L'année suivante, il était doublé et s'en allait *crescendo*. Les sœurs avaient donc conquis la confiance des familles et, comme vous l'allez voir, l'approbation du clergé :

4 novembre 1765, reçu de M. l'abbé Valet trente livres, pour Mlle sa nièce.

Le 5 novembre 1768, reçu vingt-cinq livres de M. le curé de Désertines, pour Mlle sa nièce. •

En maint endroit, notre registre témoigne de l'estime accordée par le clergé aux religieuses de Fougerolles et nous autorise à discourir quelque peu sur la situation et le rôle influent des ecclésiastiques dans les paroisses du Bas-Maine.

Outre le bénéfice attribué au curé, il est, dans une grande partie de ces paroisses, pour ne pas dire dans toutes, des fondations desservies par des prêtres appartenant aux familles des fondateurs. Sur leurs parts d'héritage, grossies du revenu de leurs chapellenies, ces prêtres vivent au milieu de leurs proches, s'intéressent à la culture, instruisent leurs neveux et forment au curé une couronne de précieux auxiliaires. Voulez-vous contrôler ? Prenez le *dictionnaire* de l'abbé Angot aux articles Landivy, La Dorée, Désertines, Saint-Mars-sur-la-Futaie. Vous y lirez qu'en 1615, recevant la visite de son doyen, le curé de Landivy, Robert Dugué, était entouré de son vicaire et de neuf chapelains (1). Vous apprendrez ensuite que la première messe du dimanche, en l'église de La Dorée, avait été dotée, l'an 1642, du lieu de la Moinerie par Michel Hercent et Jacquine Le Blanc. Au même bourg, dans une vieille chapelle érigée sous le vocable de Saint-Georges, plusieurs messes devaient être célébrées chaque semaine, sans parler d'autres messes fondées en l'église paroissiale, pour les âmes de Louis et de Gilles de Goué, d'un curé de Mêle-sur-Sarthe, répondant au nom de Jean Le Feuvre, et de dame Françoise de Bregel.

En Désertines, l'abbé Angot vous signalera une prestimonie établie par François Le Dauphin et Michelle Berault, le 1er juillet 1634; la chapellenie des Charlot, fondée de deux messes en l'honneur de sainte Anne et dotée d'une maison au bourg, de plusieurs pièces de terre, d'une rente de cinquante livres, constituée sur les lieux de l'Épinay, en Désertines, et de la Lande, en Vieux-Vy. Parmi les titulaires de cette fondation, vous verrez figurer un Charlot. Remarquez, en outre, la chapellenie de Saint-Sébastien-de-la-Vayrie (2) et convenez que les curés de La Dorée et de Désertines pouvaient aussi recevoir leur doyen en bonne et cléricale compagnie.

Sans chercher, à Saint-Mars-sur-la-Futaie, chapelains et prestimonies, nous irons tout droit saluer, en la personne du curé Michel Le Breton, docteur en

(1) Paul Pelé, curé de Saint-Ellier, reçoit en 1615 la visite du doyen d'Ernée, en présence de deux vicaires et de quinze prêtres attachés à l'église.

(2) La Vayrie, terre et manoir en Désertines, possédés il y a quelques années par un érudit aussi modeste que distingué, M. Marie-Ange de Courville.

théologie et licencié ès-lois, un bienfaiteur insigne de sa paroisse et de l'hôpital de Fougerolles. L'église de Saint-Mars lui doit sa chapelle méridionale. Pour les pauvres infirmes de son troupeau, par acte du 23 décembre 1746, passé devant m^e Michel Hossard, il a fondé un lit à l'hôpital de Fougerolles et, pour l'entretien d'un maître d'école, il a placé, sur les Aides de Paris, une somme de trois mille livres, environ 19.920 francs.

Au lieu de saluer ce vénérable, ne serait-il pas mieux de crier : à bas la calotte! que diable! il faut être de son temps et, après avoir déjeuné d'un moine, pourquoi ne pas dîner d'un curé?

Le malheur veut qu'ils pullulent à plaisir et, pour preuve, en voici deux nés à Fougerolles au XIXe siècle, tous les deux aussi savants, aussi dévoués que le docteur du dix-huitième. Le premier de ces calotins est, par surcroît, doublé d'un aristocrate. De Marseul est son nom. Né à Fougerolles le 21 janvier 1812, d'Auguste de Marseul et de Mélanie de Malfilâtre, il professe trois années au petit séminaire de Paris et vient ensuite au Mans diriger le noviciat de la congrégation de Sainte-Croix. 1842 le voit fonder une maison d'éducation à Laval, qu'il quitte en 1848 pour se livrer, chez son père à Fougerolles, aux études entomologiques qui le passionnent. En 1854, un voyage d'exploration le tente et il part pour l'Amérique. Au retour, fixé à Paris, il suit les travaux de la Société Entomologique de France, dirige la revue scientifique l'*Abeille* et lègue au Muséum une superbe collection d'insectes. La mort le saisit à Paris, âgé de soixante-dix-huit ans et son inhumation eut lieu à Fougerolles le 17 avril 1890. Qui oserait qualifier sa vie d'inoccupée? Voyons l'autre. Lemée, son nom de famille, figure sur notre registre parmi ceux des Fougerollais qui achetaient, en 1768, le blé noir de l'hôpital. Il avait pour prénoms Henri-Louis et était né le 7 avril 1837. Nous l'avons connu secrétaire particulier du cardinal Morlot, archevêque de Paris. Digne sans raideur, accueillant, aimable mais toujours réfléchi et discret, il avait, avec les qualités de l'apôtre, celle de l'administrateur. A la mort du cardinal qu'il avait aimé et fidèlement secondé, Henri Lemée entra aux Missions-Étrangères et fut envoyé en Cochinchine. Développant sur ce terrain ses qualités maîtresses, il organisa les paroisses de Tan-Dinh, de Vinh-Long et devint curé de la cathédrale de Saïgon. Comme tel, il mérita la respectueuse estime, la confiance, disons mieux, l'amitié de l'amiral de la Grandière. Nommé provicaire de la Cochinchine, il mourut à son poste de dévouement au mois d'avril 1900.

A cette collection de curés bienfaisants, savants et apôtres, manque un curé agriculteur. Où le prendre? Qui sait si le registre de l'hôpital ne nous aidera pas à le rencontrer? Allons, feuilletons et, au moins une fois dans notre vie, montrons-nous perspicace. « 24 may 1768, Mlle de la Haie-Ouvrard est entrée ».

Ouvrard de la Haie! mais, nous y voilà! Cette pensionnaire est fille de Gervais-Louis Ouvrard et d'Anne-Jeanne-Marguerite Voisin, et sœur du petit évêque de Fougerolles! Jean-Baptiste-Michel Ouvrard de la Haie, curé gentilhomme, fastueux, d'un esprit très ouvert, passé maître en géographie, escrime, équitation, agriculture et, de ce dernier chef, inventeur d'une machine à défrichements appelée par lui charrue à fossoirs.

Là-dessus très satisfait de nous-même, comme maint barbouilleur de papier, fermons une parenthèse déjà longue et demandons à nos religieuses ce qu'elles pouvaient apprendre aux sœurs, mères, aïeules ou bisaïeules de ces Fougerollais avisés? Tout d'abord à lire et les alphabets coûtaient un sou six deniers, à écrire, à compter, à prononcer correctement la langue de l'Église. Cela s'apprenait à l'aide du Psautier qui se vendait onze sous. En fait d'histoire, on commençait par enseigner celle du peuple de Dieu. La vie de Notre-Seigneur Jésus-Christ était ensuite étudiée dans un exemplaire qui se payait sept sous. Ajoutez des notions d'histoire de France, des leçons de géographie, et n'oubliez pas la pratique de ces travaux manuels, qui rendent la femme utile, indispensable. Nous voulons dire: la couture, le tricot, l'art de tenir la quenouille et de tourner le fuseau; car les femmes de ce siècle filaient avec autant d'honneur et de bonne grâce qu'en son temps la reine Berthe. Il en résultait qu'au sortir du pensionnat, les familles ne recueillaient pas des poupées ou des rêveuses, mais de précieuses auxiliaires, éclairées sur leurs devoirs, prêtes à faire face courageusement aux vicissitudes de la vie, à mettre, en un mot, en pratique ces pensées chrétiennes qu'on leur distribuait pour la modique somme de trois sous et qui, à elles seules, valaient un trésor. Ne leur disaient-elles pas, en effet, ces pensées, qu'elles avaient là-haut un Père et un Rédempteur communs qu'il fallait invoquer pour rester fortes, justes et toujours aimables; qu'entre elles et ce grand Dieu, une puissante médiatrice leur tendait les bras, belle et pure comme un lys entre des épines, douce et attrayante comme un parfum répandu?

Et ne croyez pas, Lecteur, que ce soit là affaire d'imagination ou de poésie. C'est l'histoire en main qu'on peut parler de la dévotion à Marie, au Bas-Maine, aux environs de Fougerolles, à Fougerolles même. L'an 1122, Vital expire en réclamant l'intercession de la Vierge. Sur l'ermitage de ses disciples, à Courbefosse, une chapelle, dédiée à Notre-Dame, voit encore s'agenouiller les pèlerins. Sous le même vocable, un prieuré bénédictin fut construit au XIIe siècle au bord de la Futaie et, chaque année, de temps immémorial, les paroissiens de Landivy vont en procession visiter le sanctuaire vénéré des Fougerais, Notre-Dame des Marais. Est-ce tout? Non, nous sommes encore loin de compte et, comme il faut se borner et choisir, nous mettons sous vos yeux un passage du testament d'un fidèle serviteur de Marie, Patrice de Goué et, sans transition, un extrait du *Dictionnaire historique de la Mayenne*. « Item, dicte en quinze cent vingt-trois le sire de Goué, veult qu'on donne une ymaige de Notre-Dame au Pontaubrée, et, si on peult, qu'elle soit d'albâtre ».

Parmi les confréries érigées en l'église de Fougerolles, on doit remarquer, avec l'abbé Angot, celle de l'Immaculée-Conception : « En 1539, les frères et sœurs baillaient chacun un quart de froment sec et net, mesure de Pontmain, pour aider à faire le pain qu'on distribuait aux pauvres. Une cotisation de six deniers entretenait les messes du vendredi et du samedi, dites par gens d'église de la frairie *non scandalisés d'hérésie, de paillardise ny de larcin* ». D'où, entre parenthèse, il faut conclure une fois de plus que l'habit ne fait pas le moine. « D'autres services se faisaient au décès de chaque membre. Il y a une grande analogie entre cette confrérie et celle de Montaudin ».

A cette dernière association, le pape Urbain VIII, accordant pardons et indulgences plénières, s'exprime ainsi : « Ayant appris qu'en l'église paroissiale de Montaudin, au diocèse du Mans, il y a une pieuse et dévote confrérie des fidèles chrétiens de l'un et de l'autre sexe, canoniquement constituée à l'honneur et gloire de Dieu tout puissant, au salut des âmes et soulagement du prochain, pour *les personnes de toutes sortes de conditions, arts et métiers,* sous l'invocation de la très glorieuse Vierge Marie. Nous, désirant l'augmentation et accroissement d'icelle, donnons à tous les fidèles chrétiens, de l'un et l'autre sexe, lesquels entreront ci-après en ladite confrairie, le premier jour de leur entrée en icelle, s'ils sont vrais pénitents et confessés et reçoivent le très saint sacrement de l'Eucharistie, plénières indulgences et rémission de tous leurs péchés ». Suit une série de faveurs spirituelles, sur lesquelles nous passons pour arriver au dernier paragraphe des bulles(1). Urbain VIII y déclare « relâcher soixante jours de pénitence à tous confrères et sœurs qui *priront pour les malades, consoleront les infirmes en leurs adversités, logeront les pèlerins, les aideront de leurs biens, réconciliront les personnes ennemies,* diront cinq fois l'Oraison dominicale et la Salutation angélique pour l'âme des

(1) Ces bulles furent imprimées au Mans, chez Charles Monnoyer, imprimeur du Roi et de Mgr l'évêque. Nous devons l'exemplaire que nous possédons à la gracieuse obligeance de M. Taillandier, maire de Montaudin, conseiller général. A la suite du texte pontifical, figurent les mentions suivantes : « Lesquelles bulles d'indulgences plénières et perpétuelles ayant été vues par

défunts confrères et sœurs, ramèneront quelque dévoyé aux droits chemins, enseigneront aux ignorants ce qui est nécessaire pour leur salut et feront quelques autres œuvres de piété ou de charité ».

Ces bulles, le Pape les déclare durables à perpétuité et les donne à Saint-Pierre de Rome, l'an de l'Incarnation 1643, le jour des calendes de mai et de son pontificat le 20e.

Eh bien, qu'en dites-vous, Lecteur, étaient-elles assez libérales, assez largement ouvertes, ces associations? Ne les trouvez-vous pas empreintes de cette égalité féconde que seul le Christ peut apporter et conserver au monde? Ont-elles un caractère social assez marqué? Qu'est-ce donc que consoler les infirmes, aider de ses biens les pauvres voyageurs, réconcilier les personnes ennemies, sinon faire œuvre sociale? Qu'est-ce encore que prier pour les malades et pour les morts, sinon faire œuvre de spiritualiste, affirmer l'immortalité de l'âme et distinguer nettement l'homme de la brute? Aux hommes de notre temps, sincèrement préoccupés de créer un grand courant de Liberté et de Fraternité, ne valaient-elles pas l'honneur d'être signalées, ces humbles confréries?

Arrivant à Fougerolles, alors qu'elles étaient pros-

les Illustrissimes et Reverendissimes évêques du Mans, les 16 septembre 1643, 25 août 1675, 27 juin 1727, et notamment par Monseigneur Louis-André de Grimaldi, évêque du Mans, ledit Seigneur en a permis la publication et l'exécution pour la ville et son diocèse du Mans, le 22 mars 1769.

« Vu la présente bulle, en avons permis et permettons, de même que nos prédécesseurs, la publication et l'exécution pour la ville et diocèse du Mans.

« *Donné à Larchamps* dans le cours de nos visites épiscopales, le 12 juillet 1779.

« † F. C., évêque du Mans ».

pères, Marie-Elisabeth Dubourg trouvait donc une tradition établie; elle la suivit avec amour et donna à son hôpital, à ses écoles, la douce Vierge Marie pour protectrice. Durant trois quarts de siècle, elle et ses filles, recrutées pour la plupart dans les familles du pays, plantèrent au cœur de leurs élèves, pour la Mère de Jésus l'honneur et le modèle de leur sexe, une filiale tendresse. A cette chrétienne éducation, à la solide et pratique instruction dont elle était doublée, combien de familles doivent d'avoir pu compter parmi leurs membres: filles modestes, épouses fidèles, maîtresses de maisons entendues, mères dévouées!

Dans les dernières années du dix-huitième siècle, un accès de cette rage antimonastique dont nous avons, d'ores et déjà, constaté les périodiques retours, dispersa la petite congrégation. La crise passée, Fougerolles rappela d'autres religieuses et sut leur témoigner la même estime, la même confiance, la même reconnaissance.

La Vierge Marie garde donc toujours à l'hôpital de Fougerolles de fidèles servantes et, voyant s'élever les élégantes flèches de Pontmain sur les bords du bruyant cours d'eau où priaient naguère Aubert et Raoul de la Fustaye, nous pouvons affirmer que Notre-Dame n'a pas cessé de régner au Bas-Maine.

A ses pieds, comme aux pieds d'une Reine et d'une Mère, nous déposons cet opuscule; et à vous, Lecteur, qui avez daigné le lire jusqu'au bout, nous l'offrons en guise de sympathique et reconnaissant hommage.

Vitré, ce huitième jour de décembre 1903.

FRAIN.

NOMS DE FAMILLES ET DE LIEUX CITÉS DANS LE MANUSCRIT

Anger de Gerouard. — Gerouard est un village de la commune de Fougerolles. Suivant l'abbé Angot, un domaine, dit la Chaine de Gerouard, aurait appartenu, successivement, à Jehan de la Chaine fils de Michel de Gerouard, à Guillaume de Goué, à Etienne de Grigné et, en 1402, à Guillaume de Montaugier, auquel succéda, en 1468, Jean Le Verrier.

Aubiers (des). — « Mlle des Aubiers est sortie le 11 mai 1769 ».

Auray (d'). — Voir : de Saint-Poix.

Baillée (de la). — « Le 25 novembre 1766, reçu de M. de la Baillée treize livres dix sous pour le reste de la pension de Mlle sa fille ».

Barbot. — Paie la façon d'une toile le 1er avril 1764.

Barbotière. — Un village de ce nom, situé en Fougerolles, donne son nom à un ruisseau affluent de celui de Buais, à la limite de la Manche.

Barrerie. — Paie la façon d'une toile le 9 juin 1766.

Baudron. — Fermier de la Gaucherie.

Beauvais. — Le 15 juillet 1763, achète, au prix d'une livre, un demeau de carabin.

Besnard. — Fait valoir une tenue à la Rostière.

Benoist. — « Reçu de Mme Benoist cinquante livres pour six mois de pension de Mlle sa fille ».

Benoist (l'abbé). — « 1767, décembre. Reçu de M. l'abbé Benoist onze sous, pour un psautier latin ».

Bignon. — « 1763, 6 décembre. Reçu de Mlle Bignon seize livres quatre sous, à valoir sur son quartier ».

Blanche-Lande. — Voir : page 23.

Blin. — « Le 29 octobre 1763, reçu vingt-cinq livres de M. Blin ». Les auteurs de la *Bibliographie du canton de Passais* citent l'abbé Blin, curé de Duret, chanoine de Séez.

Bois (du). — « Le 10 mai 1769, reçu vingt-sept livres dix sous de M. du Bois pour sa fille, entrée le 13 février ».

Boisnerie (de la). — « Le 29 décembre 1768, M. de la Boisnerie nous a renvoyé sa nièce ». La Boisnerie est en Saint-Mars-sur-la-Futaie.

Boitin (François). — Fermier de la Crespinière.

Bouvrie (de la). — « Le 22 juin 1765, reçu vingt-cinq livres de M. de la Bouvrie pour sa petite ». Doit être un *Julienne,* voir : page 94.

Briant. — « Le 23 décembre, reçu de M. Briant quinze livres à valoir sur le premier quartier de Mlle sa fille ».

Brière. — « Le 12 mars 1764, reçu, pour le remboursement de Brière, par M. Foubert, quatre-vingt-cinq livres dix-sept sous ».

Bouazerie (de la). — Voir : Lauberdière.

Boudier. — « Le 1er mai 1763, reçu douze livres de Boudier ».

Boulant. — « 1766. Le 3 mars, reçu de Boulant deux livres pour un boisseau de carabin ».

Bourg (du). — Paie la façon d'une toile le 15 janvier 1763.

Breton (Le). — Fermier d'Erbonne.

Brouillé. — « Le 12 septembre 1767, reçu vingt-quatre livres de Mlle Brouillé pour Mlle sa nièce ».

Brunet. — Paie la façon d'une toile le 27 octobre 1765.

Buais. — Voir : pages 17, 73.

Cahou. — « Le 4 mars 1765, reçu de Cahou dix sous pour du blanc de baleine et du sirop ».

Chalopin. — « Le 14 octobre 1764, reçu trois livres dix-neuf sous de Mlle Chalopin pour quatorze jours qu'elle a été avec nous ».

Champorinais (de la). — « Le 21 février 1768, Mlle de la Champorinais est entrée ». Voir : Le Métayer. La Champorinais, en Saint-Mars-sur-la-Futaie, appartenait, en 1756, à Jean-Baptiste Le Métayer, mari de Rose Poirier.

Chamossays. — « Le 10 avril 1766, reçu de Dodard Boulais de Chamossay quatre livres douze sous pour deux boisseaux de carabin, à quarante-six sous le boisseau ».

Chamossay, village en Fougerolles, sur la route de Désertines. Robert Boistard et Guillaume, son fils, y avaient donné un domaine à *Savigny*. (*Dictionnaire* de l'abbé ANGOT).

Champs (des). — Voir : Guesdon.

Chancerel. — Paie, le 23 août 1763, la façon d'une toile.

Charlot. — « Le 1er juillet 1768, reçu de M. Charlot cinquante livres pour le reste d'une année de pension de Mlle Courteille, sa sœur ».

Chassagne (La). — « Le 19 juin 1769, reçu de Mlle La Chassagne trente-sept livres dix sous pour un quartier de sa pension ». Paraît avoir été grande pensionnaire.

Chauvinière. — Voir : Couppel.

Chesnel. — Fermier de la Gaucherie.

Chorin. — « Le 3 mars 1764, reçu de Mlle Chorin la somme de deux cent douze livres dix-sept sous sept deniers ».

Colibeaux (de). — Alliés des Dupont, qui portaient : d'argent au sautoir de gueules; et des Le Hericé, qui blasonnaient : d'argent à trois hérissons de sable. Voir : Dupont. Le nom d'une de Colibeaux se lisait sur une pierre tombale de l'église de Notre-Dame-sur-l'Eau, à Domfront. — Une de Colibeaux, Anne-Gilette-Gilonne, épousa, le 25 juin 1748, Pierre-Urbain de Vauborel. — Un Le Hericé, Pierre, écuyer, est dit mari d'Anne Dugué, et absent du pays en 1704.

Coudray (du). — « Le 24 juillet 1769, Mlle du Coudray est entrée, à cent dix livres par an ».

Coullabin. — Paie la façon d'une toile, le 27 décembre 1764.

Coupeau. — « 12 septembre 1766. Reçu treize sous pour les journées qu'a faites Marie Coupeau, pour les rochets de l'église ».

Couppel (l'abbé). — « Reçu, le 3 octobre 1766, de M. l'abbé Couppel, vingt-neuf sous pour des remèdes ».

En 1781, un Couppel, écuyer, époux de Marthe de Salcède, était sieur de Saint-Front, en Saint-Mars-sur-la-Futaie.

Couppel. — « Le 2 juin 1769, reçu vingt-sept livres dix sols de M. Couppel, pour trois mois de pension de Mlle sa fille ».

Deux poètes de ce nom sont signalés par MM. APPERT et DE CONTADES dans leur *Bibliographie du canton de Passais*, savoir : Jean et Philippe. Le premier composa, au XVIe siècle, le *Puy du souverain amour ;* le second, à la même époque, concourut, comme le précédent, aux Palinods de Rouen, en 1533.

Les Couppel avaient enfeu dans l'église de Notre-Dame-sur-l'Eau. Suivant M. Blanchetière, ils portaient : d'argent au chevron de gueules accompagné de deux merlettes de sable cantonnées en chef et en pointe une rose de gueules au calice de sinople.

Le 25 octobre 1729, Michel Couppel, notaire royal au Maine, demeurant en la paroisse de Fougerolles, avait dressé le contrat de mariage de Jean du Gué dit sieur de la Porte, fils de défunt Jean du Gué de la Porte et de Marie *Hodebert*, sa veuve, d'elle assisté et de Julien du Gué, sieur d'Astilly, son frère; Julien *Julienne, sieur de la Bouvrie* (voir page 92), mari de Jeanne du Gué, son beau-frère; de Renée et de Perrine du Gué, ses sœurs; de m^e François Julienne, avocat au baillage de Landivy, Mausson, Goué et Fougerolles; de Gilles Petiot, sieur de Maubusson, ses cousins; d'une part,

Et : D^{lle} Françoise Renault, fille unique de Michel Renault, sieur de la Haye et de Marguerite de Mascaret, assistée de Siméon de Grangeray, sieur de la Fouberdière, mari de Françoise Coutard, son cousin germain et curateur, demeurant au bourg de Désertines; Anthoine Renault, sieur de la Gerardière, son frère paternel; François Coustard, *sieur de la Ruaudière*, son cousin germain, demeurant *au lieu seigneurial de Launay*, paroisse de Désertines; de René de Mascaret, sieur de la Corbière; d'Anthoine de Mascaret, sieur de la Fouas; de messire Jean Chardon, *prêtre, abbé de Saint-Jacques* de la ville de La Tannière; de Françoise de Mascaret, veuve de François Coustard, sieur de la Ruaudière, sa tante maternelle; de Jeanne Guymond, veuve de Gilles Renault, sieur de la Garsottière, sa tante; et de Jean Renaud, marchand, son cousin germain.

D'autres Couppel habitèrent, au XVIIIe siècle, le curieux manoir de la Chauvinière, en Saint-Aubin-Fosse-Louvain. Etienne Couppel, sieur de la Chauvinière, fut avocat au siège de Saint-Aubin et père de Pierre Couppel, licencié ès-lois.

Cour-Boivin (La). — « Le 26 juin 1767, reçu quatre poulets de la Cour-Boivin ». Cette Cour-Boivin, dit M. Angot, est située en Montaudin. Elle fut donnée à rente par François Aubin de la Messuzière à Gilles du Mesnil, *puis cédée à l'hôpital de Fougerolles* en 1716. On y exploitait une carrière de granit.

Courteille. — Voir : Charlot. Guillaume Courteille est au nombre des habitants de Mantilly impliqués dans la sédition des nu-pieds. (Jugement du 23 juin 1640).

Charles Courteille signe, en 1789, le cahier des remontrances et doléances des habitants de Passais.

Coutard. — « Le 22 avril 1767, reçu de M. Coutard dix-neuf livres sept sous pour achever de payer la pension de Mlle sa fille ». Voir : dans le contrat des Dugué, tous les Coutard de la Ruaudière.

Coutardière (La). — Pages 22, 34, 38, 55, 56, 57.

Couverie. — « Le 19 avril 1769, reçu trente et un sous pour du veau, vendu ce carême à M. Couverie ».

Crespinière (La). — Pages 21, 34, 38, 56.

Croix (de la). — Voir : sœur Saint-Benoist.

Daligaud. — « Le 16 juin 1767, reçu vingt-trois livres de M. Daligaud pour sa petite ».

Daurel de Lepinay. — « Le 26 juin 1766, reçu de M. Daurel quatre-vingt-dix livres pour la pension de Mlle sa fille ». Elle était entrée le 8 juillet 1765.

Désertines (Le curé). — « Le 5 novembre 1768, reçu vingt-cinq livres de M. le curé de Désertines pour Mlle sa nièce ». C'était alors l'abbé Jacques Palluel, gradué de l'Université de Caen, qualifié doyen rural du Passais en 1778, l'un des rédacteur du *Journal ecclésiastique*.

Dodard (Pierre).

Dodard des Loges. — Voir : pages 79, 80.

Dorée (Le curé de La). — C'était alors Noël Colure, originaire du diocèse de Coutances.

Douardière (La). — Ferme de l'hôpital.

Dupont. — « Le 30 mai 1768, Mlle Jeanne Dupont est entrée ». Elle donne cent livres par an.

Dupont de la Penière. — Voir : Loraille. « Le 5 janvier 1769, reçu de M. Henri Dupont, d'Anne-Henry-François Dupont, sieur *de Loraille* et de Mlle Madeleine-Jeanne-Françoise de Colibeaux, veuve de Jean-Baptiste-Henry-Julien Dupont, sieur *de la Penière,* la somme de cinq cents livres, qui achèvent de faire l'entier paiement de la somme de huit cent vingt-cinq livres que ces messieurs devaient à cette maison, suivant qu'il est porté dans la transaction faite le 2 juin 1767 ».

Erbonne. — Ferme de l'hôpital, page 35.

Ferrant (Pierre). — Fermier de la Coutardière.

Fichepoil. — C'était, croyons-nous, le fermier d'une des terres situées en Montaudin.

Fizeller. — « Le 23 octobre 1763, reçu vingt-quatre livres du petit Fizelier ».

Fleury. — « Le 16 février 1763, reçu de Mme Fleury quarante-cinq livres pour sa fille ».

Foubert. — « Le 12 may 1768, reçu de M. Foubert cinquante livres, pour six mois de pension de Mlle sa fille ».

Foucault (Pierre). — Sacriste de Fougerolles.

Fougères. — Pages 12, 13, 38, 45.

Fougeray (du). — Voir : Potier. « Le 20 avril 1769, Mlle du Fougeray est entrée à cent dix livres de pension chaque année ».

Fougerolles (Le curé). — « Le 28 octobre, reçu vingt-quatre sous de M. notre curé et six sous pour les pauvres ». Jean-Baptiste-Louis Culin, docteur en droit de la Faculté de Paris, chanoine de Saint-Cosmes de Luzarches, meurut en 1773. Il eut pour successeur J.-B.-Michel Ouvrard de la Haie, surnommé le petit évêque de Fougerolles.

Fouilleul. — Paie la façon de trente et une aunes de grosse toile, trois livres neuf sous neuf deniers. Un Fouilleul figure parmi les notaires royaux de la vicomté de Domfront et est dit exercer son office à Mantilly.

Foureau. — « Le 16 août 1769, Dlle Foureau est entrée ; reçu pour elle cinquante-cinq livres pour six mois de pension ».

Fréard. — « Le 19 août 1769, reçu cinquante-cinq livres de M. Fréard, pour six mois de pension de Mlle sa fille, qui était entrée le 16 février ».

Fourmi (Michelle). — « Le 16 novembre 1763, reçu vingt-deux livres pour Michelle Fourmi, qui a été icy malade ».

Galesne (Michel). — Voir : page 69.

Garnier. — « Le 31 mai 1765, reçu de Mme Garnier cinquante-trois livres dix-sept sous pour la pension de Mlle sa fille ». Voir : sur les Garnier du Grappay, originaires de Gorron, l'article du *Dictionnaire historique* de l'abbé Angot. C'est à cette famille qu'appartenait l'historiographe de France Jean-Jacques Garnier, membre de l'Académie des Inscriptions et Belles-lettres, né au village de la Grange, en Gorron, décédé le 14 février 1805. Dacier et de la Lande lui firent cet épitaphe : « Vertueux, savant et bon il fut aimé de tous ; passant, tu l'aurais pleuré si tu l'avais connu ! »

Gaucherie (La). — Page 28.

Gaumerais. — Fermier de l'Aunay.

Gendron. — « Reçu, le 10 juin 1765, quatre livres quatre sous de Perrine Gendron, à valoir sur douze livres pour deux années de la maison de Blanche-Lande ».

Gobbé. — « Le 12 février 1766, reçu neuf livres de Françoise Gobbé, pour sa pension ».

« Le 24 décembre 1765, reçu douze livres de Françoise Gobbé, à valoir sur sa pension *et neuf sous pour trois journées que sa mère a faites à coudre* ». D'où il suit qu'en 1765, on payait trois sous pour une journée de couturière.

Goblères (Les).

Gorron (boisseau de). — Pages 38, 44.

Goulgatière (La). — Terre mentionnée dans le cartulaire de Savigny en 1254. *Omnes terras de la Golégastière... quas tenent Ricardus Golegaste.* Raoul de la Haultonnière céda à l'abbaye de Fontaine Daniel ses droits sur la Goulegastière. En 1459, cette abbaye les échangea avec d'autres droits dus à Savigny. En 1598, Gilles de la Haultonnière donna la Goulgatière à son fils puiné Jean. En 1730, Marie de la Haultonnière y possédait une closerie.

Grasset. — « 1765. Le 1er avril, une journée de harnois faite par Grasset ».

Guesdon. — « Le 4 avril 1763, reçu vingt-quatre livres pour Mlle Guesdon ».

« Le 29, reçu deux livres quatorze sous de Mme des Champs pour Mlle Guesdon, sa petite-fille ».

L'abbé Michel Guesdon, curé de La Ginfrière puis de La Bellière, né à Mantilly, le 22 octobre 1811, est l'auteur d'un poëme, intitulé : *La Cité de Dieu et la Cité du Monde,* en 25 chants; d'un cantique à saint Latuin et de chansons de circonstances sur des airs populaires.

Alexandre Guesdon signe, en 1789, le cahier des remontrances et doléances des habitants de Passais.

Guérin de Méré. — Paie façon d'une toile le 5 juillet 1765.

Guerineau. — « Le 21 juin 1765, reçu vingt et un sous de M. Guerineau pour des remèdes ».

Haie (de la). — « Le 16 mai 1765, reçu de Mme La Haie trente livres pour quatre mois de Mlle sa fille ».

Hamon. — « Le 4 septembre 1766, reçu cinq livres de M. Hamon, de Landivy ».

Hercent. — « 1er septembre 1768, la nièce de M. Hercent est entrée ». Elle paie cent dix livres par an.

Hodebert. — Un Michel Hodebert était notaire au duché de Mayenne, en 1659. Il résidait à Saint-Mars-sur-la-Futaie.

Hossart. — Les Hossart ont produit plusieurs notaires au duché de Mayenne, un avocat au Parlement, un médecin distingué, père d'un officier, astronome et géographe, et de Jules-Louis, médecin et littérateur excentrique.

Houduce. — « 1765. Le 29 avril, Ferant a fait faire une journée par Houduce ».

Jamelin. — « Le 3 mai 1768, reçu cent livres de M. Jamelin pour Mlles ses filles; plus, reçu six livres pour remèdes fournis et autres choses, comme du papier et du sucre ».

Jeune (Le). — Avocat au Parlement, page 102.

Jouanne. — « Le 14 octobre 1766, reçu vingt-cinq livres quatre sous de Mlle Jouanne ».

Jourdin des Touches. — Voir : page 77. Ce chirurgien dut avoir pour successeur à Fougerolles Jacques Deslandes, reçu maître le 22 septembre 1774. Voir la liste des médecins et chirurgiens ayant exercé dans la Mayenne de 1789 à l'an XIV, par Paul Delaunay. *Bulletin de la Commission historique de la Mayenne*, tome XIX, année 1903.

Landivy. — Pages 9, 16, 73, 82, 87.

Lauberdière (de). — « Le 22 juillet 1762, reçu de M. de la Bouazerie vingt-cinq livres pour un quartier de Mlle sa nièce, de Lauberdière ».

Laurent. — Voir : page 71.

Lemée. — « Le 31 juillet 1767, donné deux boisseaux de carabin à Anne Lemée, à valoir sur ses gages, à cinquante sous le boisseau ».

Lemonnier. — Paie une façon de toile, le 5 août 1764.

Leray. — « Le 15 avril 1767, reçu quinze livres six sous de M. Leray, pour le louage de la maison du bourg, d'une année ».

Lestax. — Paie la façon d'une toile le 31 mars 1766.

Lhuissier. — « Le 1er avril 1769, reçu de M. Lhuissier, de la Mennerie : vingt-cinq livres ».

Loges (Des). — Voir : Dodard.

Lonet. — « Le 26 août 1764, reçu d'Anne Lonet trente-huit sous pour la façon d'une toile ».

Loraille. — Voir : Dupont et Potier. Le château de Loraille, situé en la commune de Saint-Roch-sur-Egrenne, se compose d'un grand corps de logis au toit surhaussé; d'une belle tour cylindrique accolée au flanc Nord, contenant l'escalier, et d'une aile ajoutée postérieurement vers le Levant. On entre dans le corps principal par une porte en granit, historiée dans le goût de la Renaissance. A l'intérieur, on remarque ces vastes cheminées d'autrefois, où des bûchers sans épargne chauffaient tout ensemble la nombreuse famille et ses hôtes, réunis en demi-cercle. Celle de la cuisine porte le millésime de 1583. Le prolongement oriental a été élevé juste deux siècles plus tard. La date de 1783, gravée sur la corniche, en fait foi. Cette inscription indique en même temps que le propriétaire, auteur de cet agrandissement, était un Dupont. Douze ans après, le 17 avril 1795, ce Dupont fut assassiné par les Chouans dans son domicile, sous les yeux de sa femme et de vingt-cinq batteurs en grange qui ne firent rien pour le défendre. (Blanchetière).

Lorent. — Voir : page 71.

Lottin. — « Le 20 avril 1768, reçut vingt livres de Mlle Lottin, qui achèvent de payer sa pension ».

Victor Lottin du Val a publié un roman historique, intitulé : *Les Comtes de Montgomery. (Bibliographie du Passais).*

Lucas. — « Reçu, le 5 may 1765, quinze livres de M. Lucas pour la pension de deux mois de sa petite ».

Maisonneuve (de la). — Voir : page 81.

Mantilly. — Voir : pages 7, 17, 73.

Marie (Pierre). — Paie une façon de toile le 2 février 1766.

Maupillé. — Paie la façon d'une toile le 15 septembre 1765. Jean Maupillé est dit notaire au duché de Mayenne en 1659.

L'an 1655, Robert Maupillé est dit notaire au duché de Mayenne. Il demeure aux Touches, en La Dorée, et paraît comme témoin au contrat de mariage de Julien Dugué, sieur de la Noë, fils de Robert Dugué, sieur de la Roguère. L'acte est dressé au Gage, logis de la future. Le fief du Gage, en La Dorée : *feodum Gagi,* avait été donné au prieuré de l'Abbayette, en 1235, par Robert de Gorram.

Mélin. — « Le 27 octobre 1763, reçu trente sous de Mélin pour la façon de dix aunes de toile ».

Menardière (La). — « Le 22 mai 1765, reçu de Mlle de la Menardière, pour la façon de vingt-sept aunes de toile, y compris douze sous pour un quartier de veau : huit livres ».

Meslinière (de la). — Paie une façon de toile le 22 mars 1763.

Mennerie (de la). — « Le 29 juin, reçu vingt-neuf livres de M. de la Mennerie pour Mlle sa fille ». (Voyez Lhuissier).

Meré. — Voir : pages 15, 65.

Merienne (Jean). — Fermier de la Douardière.

Merienne (Pierre).

Metayer (Le). — Voir : de la Champorinais. En 1483, Jean Le Metayer, fils et héritier de Jeanne des Vaux, était sieur de la Doinelière, en Fougerolles. Julienne Le Metayer se disait, en 1596, veuve de Guy Achard, chevalier de l'ordre du Roi.

En 1560, François de la Vayrie, mari de *Julienne Le Metayer,* était sieur de Maulion, paroisse de Désertines. Sur ce fief, Guillaume d'Euchon, chevalier, avait donné plusieurs rentes à payer par Drouin de Saint-Aubin. De la Vayrie fut fait prisonnier par Montgomery à Pontorson et y mourut en 1561.

Millet. — « Le 14 décembre 1767, reçu de Mme Millet vingt-cinq livres, pour trois mois de pension de Mlle sa fille ».

Montaudin (Le curé de). — Voir : page 52. Il se nommait Gilles Le Queu, de La Richardière, du diocèse de Rennes.

Montflaux. — Un village de ce nom, en Fougerolles.

Montreuil (de). — « Le 22 mars 1769, reçu de Mme de Montreuil la somme de vingt-sept livres dix sous pour un quartier de pension de Mlle sa fille, qui est entrée aujourd'hui à cent dix livres de pension ».

Il s'agit ici des de Montreuil de la Chaux, qui possédaient manoir et seigneurie au bourg de Melleray. L'an 1692, le 29 avril, Charles Hossard, notaire au duché de Mayenne, dressait le contrat de mariage de François de Hornois, lieutenant de gabelles, demeurant au Pontmain, et de Anne-Marie de Montreuil, fille de défunt François de Montreuil, en son vivant chevalier, seigneur de Melleray et du Temple, et de Françoise Le Faucheux. (Voir nos *Tableaux généalogiques,* tome III, page 157). Les de Montreuil portaient : d'argent à trois massacres de cerf.

Mortier. — « Le 26 février 1766, reçu de M. Mortier vingt sous neuf deniers pour une médecine ».

Motte (de la). — Voyez : Saint-Benoist.

Mottier. — « Le 26 août 1769, reçu vingt-sept livres dix sous de M. Mottier, pour trois mois de pension de Mlle sa fille ». Mlle Mottier était entrée le 1er juin et donnait cent dix livres de pension.

Moussar. — « Le 12 février 1673, reçu vingt-deux livres de Mlle Moussar ».

Neufbourg (du). — « Reçu douze livres quatorze sous trois deniers de Mlle du Neufbourg, pour reste de la pension de Mlle sa fille ».

Nourry. — « Le 17 septembre 1765, reçu de Mme Nou: vingt et une livres pour Mlle sa fille ».

Olivier (La veuve). — Paie la façon d'une toile le 14 janvier 1764.

Ouvrard. — « Le 21 juillet 1767, reçu de M. Ouvrard la somme de cent soixante-sept livres dix sous pour la pension de sa fille Lucie ». Une Ouvrard (Jeanne-Marie), épousa Gilles-Antoine de Malfilâtre.

Ouvrard de la Haie. — « Le 24 mai 1768, Mlle de la Haie Ouvrard est entrée ».

Paillard (Michel).

Pelé. — Paie une façon de toile, le 24 novembre 1764.

Perelle (de la). — « Le 3 août 1766, reçu de René de la Perelle sept livres deux sous, pour de la toile qu'on lui a faite ».

Penière (La). — Manoir des Dupont, situé en la commune de La Haute-Chapelle.

Pelouinière (de la). — Page 71.

Pichon. — « Dlle Françoise Pichon est entrée le 23 octobre 1764. Elle donne trente livres pour six mois dont la communauté se contente, à cause du travail qu'a fait M. son père à la récolte de chaque année, pour vanner les grains ».

Planche (La). — Hameau, en Fougerolles, donné à l'abbaye de Savigny par Jean de Monteil ; don confirmé en 1244 par Guillaume de l'Écluse.

Poillevin. — « Le 10 décembre 1764, reçu vingt-deux livres dix sous de Mlle Poillevin ».

Potier. — Voir : du Fougerais. — « Le 12 mai 1768, reçu trois cents livres de MM. l'abbé Dupont et Potier, en conséquence de l'accord que nous avons fait ensemble, le 2 juin 1767, par devant M. Le Jeune, avocat en Parlement et à la barre ducale de Mayenne, au sujet du procès que nous avions avec ces messieurs, pour une somme d'argent qu'ils doivent à cet hôpital ».

Suivant Cauvin, Potier du Fougeray portait : de gueules au chevron d'or accompagné de deux lions affrontés de même en chef et d'une rose d'argent en pointe. (*Notre-Dame-sur-l'Eau,* par Blanchetière).

Dans le registre, cette note est immédiatement suivie de ce paragraphe : « Plus, reçu, dans ce dit mois, la somme de dix livres seize sous de personnes pieuses, qu'elles ont données pour nous aider à payer le calice, comme il est marqué *dans le livre de la dépense* le 3 mai de la dite année 1768 ».

Potinais. — Page 71.

Pourlel (Le). — Fermier de l'hôpital.

Puisard (de). — « Le 29 juin, reçu vingt-cinq livres de Mme Puisard pour un quartier de pension de Mlle sa fille ». Sur les Michel de la Grandinière, de la Pichonnière, de Puisard, lire : le *Tiers-Etat au Petit-Maine;* le *Dictionnaire* de l'abbé Angot; nos *Tableaux généalogiques,* tome III, pages 160, 161; l'*Hôpital Saint-Yves de Rennes et les Religieuses Augustines de la Miséricorde de Jésus,* par le comte de Bellevue, page 371.

Rallu. — « Le 20 juillet 1769, reçu vingt-sept livres dix sous de M. Rallu pour un quartier de pension de Mlle sa fille, qui était entrée le 13 février ».

Rogue. — « Le 3 décembre 1764, reçu de Jean Rogue trois livres seize sous six deniers pour façon de deux petits morceaux de toile ».

Rostière (La). — Page 51.

Rotureau. — « Le 20 juin 1766, reçu vingt-quatre livres de Mlle Rotureau ».

Un Rotureau, sieur de Villeneuve, en Saint-Mars-sur-la-Futaie, fils de noble homme Jacques-François, sieur de la Desnerie, et de Françoise Morin, épousait, le 7 mai 1705, Olive Hodebert. Son acte de mariage le qualifie chirurgien.

Rousseau. — « Le 7 mai 1764, reçu de Rousseau dix-huit livres pour sa petite-fille ».

Royer. — « Le 9 novembre 1766, reçu cinq livres de Royer, de La Dorée, pour la façon d'une toile ».

Royer (Le). — « Le 30 juin, reçu de Mme Le Royer vingt-sept livres seize sous pour achever le temps que Mlle sa fille a été avec nous ». Françoise Le Royer était entrée le 22 juin 1768, à cent livres de pension.

Les Le Royer, famille de Mantilly, ont produit : Etienne Le Royer de la Tournerie, né à Mantilly le 20 janvier 1730, procureur au baillage de Domfront, avocat au Parlement de Normandie, auteur de plusieurs ouvrages de jurisprudence et d'histoire énumérés par MM. Appert et de Contades, page 28 de la *Bibliographie du canton de Passais.*

Les mêmes auteurs, à la page 31, citent encore Henri Le Royer de la Tournerie, inspecteur général des Ponts et Chaussées, né à Mantilly le 18 octobre 1824.

Le 23 juin 1640, Michel Le Royer de l'Etang était au nombre des habitants de Mantilly, impliqués dans la sédition des nu-pieds.

En 1789, Joseph Le Royer signe le cahier des remontrances et doléances des habitants de Passais.

Ruaudière (La). — « Le 6 juillet 1767, reçu trente livres de M. de la Ruaudière pour Mlle sa fille ». Ce de la Ruaudière était peut-être un Coutard. Voir : le contrat de mariage de F. Dugué.

Saint-Augustin (Sœur). — « Le 16 octobre 1763, reçu cinquante livres pour ma sœur Saint-Augustin ».

Saint-Benoist (Sœur). — « Ma sœur Saint-Benoist a reçu, de M. La Motte, son neveu, la somme de vingt-deux livres dix sous sur les arrérages d'une rente que lui fait M. La Croix, de Normandie ».

Saint-Hilaire-du-Harcouët. — « Le 21 novembre, vendu cinq boisseaux d'avoine trimas, mesure de Saint-Hilaire : quatre livres quinze sous ».

Sainte-Julienne (Sœur).

Saint-Poix (de). — Voir : d'Auray et pages 71, 72, 73.

Savigny. — Voir : pages 11, 12, 14, 15, 19, 25, 45.

Taillis (du). — « Le 15 mai 17[illegible], reçu cent vingt livres de M. du Taillis pour sa petite ».

Tertre (du). — « Le 9 juillet 1766, reçu vingt-quatre livres de M. du Tertre pour la pension de Mlle sa sœur ». Deux du Tertre, parmi les notaires royaux de la vicomté de Domfront. L'un exerçait à Torchamps, l'autre à Lonlay. Il y avait aussi des de Malfilâtre, sieurs du Tertre, en Landivy.

Testard de la Maisonneuve. — Voir : page 81. Sur les Testard, voir l'abbé Angot, tome II, pages 548, 683, 697, 759; tome III, page 759. Nos *Tableaux généalogiques*, page 159, tome III; la *Revue historique du Maine*, tome XXII, année 1887, page 27, article signé Duchemin et intitulé : Premiers troubles de la Révolution dans la Mayenne; le *Tiers-Etat au Petit-Maine*, pages 76, 77, 78, 79.

Thébaud.

Thomassière (de la). — « Le 18 juin 1769, reçu de Mme de la Thomassière (Voisin) cent dix livres six sous, pour achever de payer les deux années de Mlle sa fille ».

Tilleul (Le).

Tréhet. — « Le 29 janvier 1763, Tréhet a fait une journée de harnois qu'il devait en 1762 ».

Valet (L'abbé). — Voir : page 82.

Valet (François).

Vannier. — « Le 13 mai 1767, vingt-quatre livres de Mlle Vannier ».

Vavasseur (Le). — « Septembre 1769, Dlle La Lande Le Vavasseur est entrée, à cent dix livres de pension ». Sur les Le Vavasseur, voir MM. Appert et de Contades.

Vincents (des). — « Reçu de Mlle des Vincents la somme de trente-six livres à valoir sur trente-sept livres dix sous pour partie de sa pension. Elle est entrée le 13 avril à cent cinquante livres. Paraît une grande pensionnaire ».

Violette (La). — Fermier d'une des terres de l'hôpital où l'on mesurait au boisseau de Fougères.

Voisin. — Voir : La Thomassière et pages 79, 85.

l'année 1775; 7° Paroisse de Bais, Fouages de 1775; 8° Compte de la miserie ordinaire de la ville et communauté de Vitré, années 1788-1789. *Petit in-4° carré, 432 pages.*

— * Un Français à la cour de Pologne, le chevalier de Pyrrhis, 1757-1775, *54 pages.*

— * Journal de Guillaume Langelier, sieur de la Martinais, écrit à Fougères de 1643 à 1650. *In-12, 57 pages.*

— * Deux discours de Jean-Artur de la Gibonnais, 1678, *In-4° carré, 21 pages.*

— Mémoire généalogique où il est fait mention de plusieurs familles établies à Vitré et paroisses environnantes aux xve, xvie, xviie et xviiie siècles. *Petit in-4° carré, 272 pages.*

— Le Tiers-État au petit Maine, avec listes et documents inédits. *In-12, 110 pages.*

— Correspondance administrative. 23 lettres adressées par l'intendant général de la maison de La Trémoille à l'advocat fiscal de la baronnie de Vitré, 1696-1700. *Petit in-4° carré, 89 pages.*

— Appendice aux lettres précédentes. *Petit in-4° carré, 56 pages.*

— Les du Vauborel normands et bretons. (Extrait de la *Revue historique de l'Ouest*). *Grand in-8°, 121 pages.*

— Les Vitréens et le commerce international (Extrait de la *Revue historique de l'Ouest*). *Grand in-8°, 101 pages.*

— Un rural de la baronnie de Vitré. Son journal domestique de 1634 à 1671. (Extrait de la *Revue historique de l'Ouest*). *Grand in-8°, 29 pages.*

— * Commerce des Vitréens en Espagne, 1629-1630. *In-12, 29 pages.*

— * Tableaux généalogiques, notices et documents inédits au soutien du mémoire où il est fait mention de plusieurs familles établies à Vitré et paroisses environnantes, aux xve, xvie, xviie et xviiie siècles. *Neuf fascicules in-4° (732 pages) formant trois tomes, y compris une table alphabétique de personnes et de lieux.*

— * Registre d'écuyer Nicolas Bouleuc, greffier de l'Amirauté de Bretagne au siège de Saint-Malo. (Extrait de la *Revue historique de l'Ouest*). *Grand in-8°, 168 pages.*

— * Vitréenne et Malouine, Mme Bouleuc de la Villeblanche et Mme Seré de Lorvinière. Leur correspondance familiale et commerciale, 1690-1733. *In-8°, 100 pages.*

www.ingramcontent.com/pod-product-compliance
Ingram Content Group UK Ltd.
Pitfield, Milton Keynes, MK11 3LW, UK
UKHW021110200726
13857UKWH00003B/1153

9 782012 880702